ナポレオン戦争

十八世紀の危機から世界大戦へ

マイク・ラポート
楠田悠貴 訳

白水社

THE NAPOLEONIC WARS

A Very Short Introduction

Mike Rapport

ナポレオン戦争——十八世紀の危機から世界大戦へ

ナポレオン戦争＊目次

装幀＝コバヤシタケシ
組版＝鈴木さゆみ

いつも通りヘレンに。愛と感謝を込めて
そしてニコに。常に忠誠《センパー・ファーイ》を！

はじめに

一七九二年から一八一五年のフランス革命戦争とナポレオン戦争は、ヨーロッパ史上最も長く、最も熾烈な戦争の一つである。同じ規模の破壊行為や残虐行為を探しても、一六一八年から一六四八年にかけての三十年戦争や二十世紀の世界大戦くらいしか見つからないだろう。一八〇三年から一八一五年のナポレオン戦争だけで、五百万人もの命が失われた。ヨーロッパの総人口を考慮すれば、これは、第一次世界大戦における死者八百万人から一千万人に相当する。一七九二年から一八〇二年にかけてのフランス革命戦争を加えれば、さらに二百万人の命が失われた。この時期にひどく暴力行使が集中しており、一四九〇年頃から一八一五年までに起こったヨーロッパの戦闘三千三百七十二件のうち、五分の一が一七九二年から一八一五年のあいだに生じている。また、戦争の範囲は世界に及んだ。通例「世界大戦《ワールド・ウォー》」と呼ばれないけれども、まさしく世界規模で影響を及ぼし、世界各地に長期的な痕跡を残した。

この時期全体にはっきりとした影を落とす人物こそ、ナポレオン・ボナパルトである。彼は、同時代のみならず後代においても崇拝され、またそれと同じくらい悪魔として唾棄された。一七

図1　ダヴィドの絵画は、ナポレオンの英雄神話がすでに1800年の時点でかなり形成されていたことを示している。実際には、第一統領はラバで山を越えた。

六九年にコルシカ島で生まれ、弱小貴族から彗星のごとく頭角をあらわし、ヨーロッパにおける唯一の最高支配者となったのであるが、これは一七八九年のフランス革命なくしてありえなかっただろう。彼は、ブリエンヌの軍事学校、そしてパリの陸軍士官学校で訓練を受け、一七八五年に砲兵隊の将校に任命された。ナポレオンはコルシカ育ちゆえに氏族主義を抱いており、生涯を通して自分の家族の利益を増進させた。しかし、これは彼自身の政治権力に資する限りにおいてであった。当然身内贔屓だという批判もありえるが、彼は王朝を望んだのではなく、むしろ権力欲の充足を目指したのである。それゆえ、家族の誰かが彼に逆らったり、彼の期待に沿わなかったりしたとき、その人物は排除されている。青年期には古典を読み漁り、アレクサンドロス大王に強い憧れを抱くとともに、十八世紀の概念であるパトリオティズムや政治変革を含む、当時の啓蒙思想を学んだ。また、ボナパルトは怨恨と不満の塊でもあり、これがほとんどサディズムのような暴力への衝動を育んだ。彼は、フランス社会と接点を持たない「よそ者」であり、この不利な立場が彼をますます厳格にしたのである。乱暴な感情の高まりは、横暴な両親による粗野な教育や兄弟たちとの激しい競争に原因があったのかもしれない。個人的な付き合いにあっては愛想良くなりえたが、自分の望みや野望への反対は決して容認しなかった。彼がのちに、政策や外交で見せる特徴である。さらに、ボナパルトはプロパガンダの達人であった。フランス革命軍の将軍として、軍事的英雄・天才という自分のイメージを巧みに作り上げた。そして何をさしおいても、彼は機を見るに敏なオポチュニストであった（図1

を参照）。

歴史家たちは、ナポレオンの戦争期の政策について議論を重ねてきた。ヨーロッパの社会的・政治的構造を改革しながら統一し、ヨーロッパ統合を目指していたのだろうか。それとも、ナポレオン帝国は、単にヨーロッパの人材と資源の搾取を目的とした征服システムなのだろうか。歴史家ポール・シュローダーは、ナポレオンのヨーロッパ支配の中核に、イデオロギーの空白があったと主張する。すなわち、自身の利益のために権力を欲する罪深い企みであり、ナチ党のみがこれに匹敵するとして、「ヒトラーは、信じられないほど恐ろしい理念のためであったが、ナポレオンには、基盤となる目的がまったくなかった」と述べる。この解釈の中心問題は、ナポレオンその人にある。他のヨーロッパ諸国がどれほど必死に彼の要望に応えるべく苦しもうとも、ナポレオンは簡単には、自らの権力の限界を受け入れなかった――受け入れられなかった――のである。これは、なぜ彼が自分のヨーロッパ帝国を安定させられなかったのか、そしてなぜ最終的な破滅に至るまで戦争が続いたのかを説明している。ナポレオンを擁護するわけではないが、本書はこういった見解に含みを持たせようとする。

ナポレオン戦争は、まさにナポレオンの野望の大きさによって、十八世紀の戦争と区別することができると言われてきた。歴史家チャールズ・エスデイルが論じるように、フランス革命の指導者たちでさえ、自分たちの膨張主義に戦略的制限を設けていたのである。これは正しい。しかし、ナポレオンがまさにフランス革命の産物であったように、一八〇三年から一八一五年にかけてのナポレオン戦争の起源が、一七九二年から一八〇二年にかけてのフランス革命戦争にあるというのも、また事実である。二つの戦争のあいだには十カ月間の平和な期間があるが、原因や問題の多くは双方に共通している。したがって、歴史家は当然この戦争を一つのもの、すなわちひと続きの「フランス戦争《フレンチ・ウォーズ》」として扱うべきなのだ。実際には、二つではなく、七つの個別の戦争があったのだが、この時期全体の連続性は、次の事実によって明確に認識できるだろう。通常七つの戦争は、一七九二年の最初の同盟から、一八一五年に最終的にナポレオンの野望を滅ぼした七つ目の同盟まで、フランスに対して連続して結成された同盟ごとに数えられるのである。まとめて見れば、アイルランドからロシアまで、スカンディナヴィア半島からバルカン半島まで、ヨーロッパ各地で戦争が起こっているが、帝国の広がりにともない、ヨーロッパのみならず、中東、インド、東南アジア、アフリカ沿岸の諸地点、南北アメリカ大陸といった世界各地の戦争と絡み合っていた。

本書は、フランス革命戦争とナポレオン戦争を、いくつかの点でまったく異なっていると認めながらも、「フランス戦争《フレンチ・ウォーズ》」としてひと括りで扱う。というのも、一方を完全に理解するためには、もう一方を理解しなくてはならないのだ。フランス革命戦争であれ、ナポレオン戦争であれ、侵略的なフランスの膨張主義こそ、殺戮が非常に長引いた、唯一最も重要な原因だと認めながらも、それだけが完全な原因ではない、というのが本書の主張である。この一連の戦争には、いかなる一つの要素にも還元できない複数の原因があり、これはどの統治者にも制御できないものであった。本書はむしろ、一七九二年以降フランスの支配がヨーロッパ全域に押し寄せたとき、国際政治における長期的な緊張関係が影響を受け、沸点に達したのだと主張する。言い換えれば、戦争は単にフランスの膨張主義の結果でもナポレオンの野心の表れでもなく、まさに嵐のごとく、多岐にわたるヨーロッパの危機が合流して生まれたのである。

戦争がかくも長く続き、フランスを打ち負かすことがこれほど難しかった理由の一つは、フランスの敵国が、フランスに対する戦いに全軍事力を集中させることができなかった、あるいはそうしなかったことにある。敵国は、別の危機へと注意が逸れていた、もしくは、いつも通り国際的な混乱を利用し自国の戦略的目標を追求しようと躍起になっていたのである。このことからフランス戦争は、〈フランス革命とナポレオン〉対〈ヨーロッパの旧体制諸国〉のイデオロギー対立ではなかった。参戦国は、主に王朝の支配領域の拡大や戦略的安全保障といった目的で動いていたのであり、十八世紀の国際政治における根深い構造的問題に起源があるのだ。最初の三つの章では、すべてこの証明を試みる。第一章では、戦争の原因を検討し、第二章と第三章では、一七九二年から一八一五年までの戦争経過を叙述する。イデオロギーを戦争とその苦しい長期化の第一の原因として認めないからといって、それが他の意味を持たなかったと言うつもりはない。参戦諸国は、社会的・政治的秩序や宗教的信条への忠誠や献身を、言説的、象徴的、即物的に力強く訴えかけることによって、自国民を動員した。したがって、フランス戦争がその起源において真のイデオロギーを持っていなかったとはいえ（両陣営の煽情的な言説が事態の緩和を妨げたことは確かだが)、諸国家が人民を駆り立てようとする過程において、まさにイデオロギー的性格を帯びたのである。第四章と第七章では、これらイデオロギーと改革の問題を検討する。革命国家の構造が、どのようにフランスの戦争遂行力を産み出したのだろうか。そして敵国は、旧体制を防衛すべく改革や自国民の動員を試みることを通して、どのように対応したのだろうか。二つの章のあいだには、第五章と第六章の二つの章があり、兵士、水兵、民間人の「最前線」での戦争体験について述べる。これら戦線からの視点や一般民衆の視点は、戦争をかなり戦略的・外交的観点から眺める最初の三つの章と対照をなす。本書の結論では、戦争の長期的影響について論じ、私たちが今日もなお、その遺産とともに生きていることを示す。

第一章　起源

さっきまで朝日のなかで煙が立ちのぼり、銃剣がきらめき、野原全体がとても美しく輝いて見えたのに、いまや湿気と煙の靄に覆われて、硝煙と血の鼻を刺すような異臭が漂っていた。晴れのなかでひとつ、ふたつ雲が現れ、死者、負傷者、怯えた者、疲れ果てた者、戸惑う者に霧雨が降りかかった。それはまるで、「もういい、人間たちよ。もう十分だ」と語りかけているかのようだった。「立ち止まって考えなさい。あなたたちは何をしているのか」と。

フランス革命戦争とナポレオン戦争は、十九世紀の意識に深く刻み込まれた。レフ・トルストイはボロディノの戦場を鮮明に描いており――一八一二年九月七日にモスクワ西部で、ロシアとナポレオンの大陸軍《グランド・アルメ》のあいだで武力衝突が起こった――、それは地獄の光景で、まるで自然までもが人類の野蛮さを訴えているかのようだ。他の著述家たちは、「大戦《グレート・ウォー》」という用語が、第一次世界大戦期のヨーロッパにおける大量殺戮兵器を用いた大殺戮に適用されるまで、一七九二年から一八一五年にかけての戦争を「大戦《グレート・ウォー》」として思い起こしてきた。フランス戦争も同じように、既存の国際秩序の崩壊を招く大激変だったのである。実際に、フランス戦争は壊滅的な規模の戦いであった。本章では、なぜこのような戦争が十八世紀末に生じたのかについて説明する。

ヨーロッパ国際体制

フランス革命戦争とナポレオン戦争は、十八世紀ヨーロッパの国際秩序を苦しめていた一連の慢性的痙攣状態から生じた。国際関係は、イギリス、フランス、ドイツのプロイセン王国、オーストリア（中央ヨーロッパおよび東ヨーロッパで大規模な多民族帝国を支配していた）、ロシアという、対立する戦略的野望を抱く五つの大国を中心に構成されていた。イギリスは、貿易と帝国での金儲けという、彼らが世界中で牛耳りはじめていた活動に専念すべく、大陸の混乱を遮断しようとした。しかし、商業的・帝国的繁栄をうらやむ不倶戴天の敵がいたために、ヨーロッパ近海の安全を確保する必要から逃れることはできなかった。

なかでも最大の敵はフランスであった。二つの大国は、インドと北アメリカで絶えず衝突し、イギリスが七年戦争（一七五六―六三年）に勝利し支配的立場を獲得したのに対して、フランスは、イギリスに反乱を起こすアメリカの入植者たちを支援して報復した。アメリカの入植者たちは、オランダやスペインとも同盟関係にあり、アメリカ独立戦争（一七七五―八三年）で自由を勝ち取った。しかしフランスは、イギリス帝国の支配に一度も決定的な一撃を与えることができなかった。戦略的に進退窮まったのが一因である。十八世紀フランス・ブルボン家の王たちは、帝国的・海洋的栄光を追求したが、地政学的現実としてフランス王国は大陸国家でもあった。その最大の弱点は北の国境にあり、そこでフランスは宿敵オーストリアと対峙していた。オーストリアを統治する由緒あるハプスブルク家が、今日のベルギーの大部分（オーストリア領ネーデルラント）を支配し、またオーストリアの君主がドイツを間接的に支配していたため、フランスはライン川を最も狙っていたのだが、北東の国境地帯に確固たる、守り抜くことのできる領土拡大をなしえなかった。フランスの圧力――およびそれに対する抵抗――によって、低地地方とラインラントのいたるところで戦いが起こり、この地域は「ヨーロッパの闘鶏場」（ベルギーの別称）となった。

ドイツにおけるオーストリアの影響力は、ハプスブルク家の君主が神聖ローマ皇帝を併任するというほとんど先例のない事実に基づいていた。神聖ローマ帝国は、三百六十五のドイツの主要な領邦——王国、公国、司教領、都市、貴族の領地——で構成される、中央ヨーロッパのゆるやかな連合であった。これは、現在のドイツ、オーストリア、スロヴェニア、チェコ共和国、およびそれを少しはみ出るくらいに相当する。帝国の支配者は数名の選帝侯であり、彼らは神聖ローマ皇帝の死に際して後継者を選出する権利を持っていた。オーストリアのハプスブルク家が常に選出されるのは、理にかなったことであった。この地域で最も強力な軍事国家の統治者として、外敵の攻撃にさらされやすいこのヨーロッパの「腹部」を守ることができたからである。

しかし十八世紀を通じて、帝国におけるオーストリアの立場は、北方に位置するプロイセンに脅かされ続けた。プロイセンは、強力な軍隊と野心的な絶対君主を持ち、一六四八年の三十年戦争終結以来、近隣諸国を滅ぼして徐々に成長していき、ドイツの覇権をめぐってオーストリアに対する最大の挑戦者となった。プロイセンは、ばらばらの領土を区切りのない、一つの大きな王国に結びつけることを目指し、一七九二年までに全帝国領土の十九パーセントを占めるに至ったが、一七七二年以降ポーランド領を吸収していったように、東方への拡大はより一層めざましかった。オーストリアは、北部においてプロイセンに対する立場を強めようとしたが、オーストリアの君主は、神聖ローマ帝国の一部である世襲の大公国も統治しており、これは中央・東ヨーロッパにおける幅広い多言語・多民族の住民を含んでいた。オーストリア人、チェコ人、スロヴァキア人、ハンガリー人、イタリア人、スロヴェニア人、クロアチア人、セルビア人、ルーマニア人、ポーランド人、ウクライナ人である。ハプスブルク家がイタリアに領土を持っていたため、オーストリアはイタリア半島の唯一にして最大の支配者であったが、オーストリアの東ヨーロッパへの膨張によって、オスマン帝国（あるいは、バルカン半島を支配するトルコ皇帝《スルタン》）との争いが頻繁に生じており、十八世紀を通して、頭角をあらわしつつあるロシア勢力との衝突がますます避けられなくなっていった。オーストリアの最も重要な目標は、トルコを打倒して、バルカン半島へと拡大することにあったのだろうが、現実的あるいは潜在的脅威であったフランス、プロイセン、ロシアの三カ国に対する安全も確保しなくてはならなかった。

十八世紀ロシアは、専制皇帝《ツァーリ》・女帝《ツァーリナ》の統治下で劇的に台頭した。それは、ピョートル大帝（在位一六八二―一七二五年）のもとで始まった。彼は、自国の名称を伝統的な「モスクワ大公国」から「ロシア帝国」に変更した。バルカン半島や東ヨーロッパのかつての大国（スウェーデン、ポーランド、オスマン帝国）を打ち破って、西方へと拡大していった。だがロシアは、オーストリアとプロイセンのような現実的・潜在的脅威に対する西の国境の安全保障という新たな戦略的懸念を抱くことになった。また、ロシアの懸念はヨーロッパだけではなく、ユーラシアにもあった。黒海地域、カフカース地方、中央アジアなどの南方への膨張、シベリア、アラスカなどの東方への膨張は、とりわけエカチェリーナ大帝（在位一七六二―一七九六年）の治世に息を呑むものがあったが、これによってロシアは、トルコやペルシア、アジアのあいまいな国境地帯の遊牧民との紛争が起こり、また時折中華帝国との摩擦が生じ、さらには南アジアにおけるイギリスとの衝突が避けられなくなった。一八〇〇年の時点ですでに、南アジアにおけるイギリス帝国の存在感こそ、ロシアのユーラシア大陸と太平洋への膨張の唯一にして最大の長期的障害だ、と考えるロシアの戦略家がいた。イギリスは、ロシアを遠くとも迫りくる戦略的脅威と見なし、反撃の準備を始めていた。

列強は野望を満たすために奮闘し、連合諸州（ネーデルラント）、ポルトガル、スペイン、ピエモンテ＝サルデーニャ王国とナポリ王国という二つのイタリアの王国、スウェーデン、ポーランド、オスマン帝国のような一連の「二級」国家に打撃を与え、圧迫し、時に粉砕した。これらの国々は、十六・十七世紀に最盛期を迎えてから衰退しつつあった、あるいはヨーロッパにおける覇権争いにまったく参加しなかったものの、軍事的・商業的観点でかなり重要だった。オランダ、ポルトガル、スペインは、依然としてかなりの海洋帝国で、自国を防衛する海軍を持っていたし、ポーランド、スウェーデン、トルコ、ピエモンテ、ナポリは陸軍を有し、しばしば海軍も持っていて、とりわけ列強が同盟国と行動を共にしたときには、列強を足止めさせることができた。一七九二年以降、これらすべての国が列強に引きずられて、ヨーロッパを荒らす戦争に飲み込まれていく。

あらゆる国際体制に緊張と競合はつきものであり、どの国家も目的達成のために、しばしば武力を行使したくなるものである。問題は、なぜ十八世紀末のヨーロッパの国際政治が特に暴発しやすかったのか、ということにある。答えの一つは、国際関係が、外交家たちが「勢力均衡《バランス・オブ・パワー》」と呼ぶものへの配慮を軸として展開していたことにある。これは、国家や統治者が自国の利益を追求する際に、究極的には国際秩序の安定と各国家にとっての——少なくとも列強にとっての——最低限の安全を担保するという前提に基づいている。それゆえに統治者が、王朝の威信、名誉、序列と同じく、自国の利益——自国の強さ、富、安全——の積極的追求という、国家理性《レゾン・デタ》に動機を持つことが正当化されていた。さらに、君主とその領地の関係こそ重要だと考えられており、統治者と特定の国民性を持つ人民の関係は重視されていなかった。つまりヨーロッパでは、君主は依然として、自分が統治する国を相続財産と見なしており、国民の自己決定といった概念の余地はほとんどなかった。ある国が他の国々よりかなり強力になって大陸の覇権を脅かしたときには、他のすべての国々の一般的利害が一致し、強くなりすぎた競合する国家の力を削ぎ落とすことで、勢力均衡が復活するのである。

　このプロセスの必然的結果は、「補塡」への執着である。すなわち、ある国が戦争、条約、あるいは王朝の婚姻を通して領土ないし富を獲得すると、競合する国家はおおよそ価値が等しいものを獲得する権利があると主張したのである。また、同盟関係が極めて重要であり、恒久的に安定した秩序の維持ではなく、各同盟国の目標の促進が目指された。だからこそ、このような提携は瞬く間に覆されえたのである。したがって「勢力均衡《バランス・オブ・パワー》」のもとに、国家間の熾烈な競争に基づく国際体制が正当化されており、この体制では、各王朝による利益の追求が基本的な原動力であった。さらに産業革命以前の世界では、急速な経済発展によって国家が国内の富を持続的に発展させることができず、軍事国家が基盤とする資源――とりわけ人口と課税できる富――を確保する最も素早く、最も効果的な方法が領土征服であって、これには競合する国家に領土征服をさせないという利点もあった。

このような状況で、一七〇〇年から一七九〇年のあいだに、ヨーロッパの主要国のうち二カ国以上が参加した戦争が十六回起こっている。失敗の代償は、良くて割譲であり（オーストリアは、一七四〇年に肥沃なシュレジエン地方をプロイセンに奪われた）、最悪の場合には完全抹消だった。例えばポーランドは、一七七二年、一七九三年、一七九五年の連続する三度の分割によって、独立国として完全に消滅した。確かに、十八世紀ヨーロッパの開明的な統治者は人道主義的な動機と無縁ではなく、法体系を刷新し、経済発展を促し、教会と貴族の力を制限するなどした。しかし根本的には、彼らの改革は、荒れ狂う世界の海でなんとか沈まないようにするという切迫した必要に導かれていた。すなわち、臣民を豊かで忠実にすることによって、また行政機構の改革を通して臣民への課税や徴兵を効率化することによって、戦争遂行のための国力を増大させるという必要である。長期的にくすぶっていた四つの問題が混じりあって、一七九二年から一八一五年にかけてのフランス戦争という十八世紀の政治システムの最終的な崩壊へと至る過程は、ヨーロッパの国際関係の苛酷な性格を表している。

四つの問題とは、大陸の安全保障とグローバルな支配力の維持に腐心するフランス、ロシアの台頭、ドイツにおけるプロイセンとオーストリアの敵対関係、ヨーロッパの海洋帝国間の、特にフランスとイギリスのあいだの軋轢である。これらの要素が合わさって、有害な状況が生まれ、そこでフランス革命戦争とナポレオン戦争が育まれていった。また、これらの要素によって、一七九二年から一八一五年にかけてのヨーロッパの戦争が、世界中に影響を及ぼすことになった。

十八世紀の大部分を通して、ブルボン王家が統治するフランスは、大陸ヨーロッパで最強の国だった。人口が多く、確かな経済的豊かさを蓄えていた。しかしフランスは、ヨーロッパ大陸における戦略的安全保障を追求する過程で、別の野心を満たそうと必死だった。すなわち、フランスの威信と力を維持するために、国際商業の支配、帝国の覇権、およびこれらがもたらす富を求めて、イギリスに挑戦したのである。この「両生類のような」――大陸と海洋の両方を睨む――政策は、同国に重い財政的・政治的負担をもたらした。苦々しい屈辱を受けた七年戦争で、また成功を収めたものの多額の出費をともなったアメリカ独立戦争への介入で、フランスの軍隊は大損害を被り、国庫が危険なまでに底をついたのである。王国の破滅的な財政赤字は、改革努力を妨げるエリートや「専制的な」大臣の動機を信用しない敵対的な一般民衆に対する手詰まりと結びつき、一七八九年のフランス革命で絶対王政の崩壊を招いた。また、愛国的なフランス市民たちは、強烈に誇りが傷つけられたと感じた。奴隷制と帝国主義に対する果敢な糾弾で名高い、広く読まれた政治思想家アベ・ギヨーム・レナルまでもが、フランスの国際的優位からの転落を嘆いている。

かつて——たった一時だが——あれほどまでに恐れられたフランス海軍は消滅した。フランス海軍は、王政の最も輝かしい時代において名もなきところから現れたが、弱さ、無秩序、腐敗によって再び忘却の彼方へと追いやられてしまった。もはや、私たちの最も遠くまで広がった領土を守ることも、侵略や略奪から私たちの沿岸を守ることもできなかった。世界中の海岸で、私たちの航海者や商人が、かつてより百倍も耐えがたいひどい侮辱や屈辱にさらされた。

だが数年のうちに、フランス革命による「新生フランス」の建設が、フランスの力を復活させる。これは、一七九二年から一八一五年にかけての大戦を導いた主要な原動力の一つだった。

フランスの力の危機は、競合する国の強大化にも原因があった。海外ではイギリス、大陸ではとりわけロシアである。ピョートル大帝が北ヨーロッパで強国スウェーデンを倒して以来、ロシアはヨーロッパ政治において常に存在感を放っていた。動きは遅くとも情け容赦のない、この圧倒的な力の前途には、二つの強国が立ちはだかっていた。ポーランドとオスマン帝国である。ポーランドとトルコは、伝統的なフランスの同盟国であったため、ロシアがこの二カ国と連続して衝突することは、東ヨーロッパにおけるフランスの影響力を取り除くことにもつながった。一七七二年には、十八世紀における三回の分割のうち第一回目の分割が行われ、ポーランドは、ロシア、オーストリア、プロイセンに切り裂かれ、略奪された。ロシアはヨーロッパに入っていくとともに、オスマン帝国に向かって南へと押し進んだ。これは、エカチェリーナ大帝治下の積極的な膨張政策であり、他のヨーロッパ諸国に衝撃を与えた。黒海とバルカン半島におけるパワーバランスが決定的にロシアへ移行し、ロシアがオーストリアに代わって、この地域におけるトルコの宿敵になったとして注目されたのである。一七七六年には『スコッツ・マガジン』が、「ロシアは軍事力、影響力、栄光を誇り、高貴な輝きを放っている。ロシアは、ヨーロッパとアジアのあいだの玉座に座っており、まるで両方に影響を及ぼそうとしているかのようだ」と述べている。ロシアの膨張主義は、ナポレオン戦争における最大の問題の一つだった。

神聖ローマ帝国にとって、ポーランドは一七九五年の政治的消滅まで、ロシアの西方への侵攻に対する緩衝地帯をなしていたが、オーストリアが北方の新興国プロイセンに挑戦されたとき、ドイツ本土が戦場となった。挑戦者フリードリヒ大王（在位一七四〇―一七八六年）は、即位してまもなくオーストリアを攻撃し、「シュレジエンの凌辱」でハプスブルクの支配から最も肥沃な地方の一つを力づくで奪った。一八六六年にビスマルクがプロイセンの勝利を決定づけるまで解決されない、ドイツ支配をめぐる長く熾烈な抗争の始まりである。一七五二年に、フリードリヒ大王自身が「［オーストリアは、］いまやドイツにおける権限を私たちと分けなくてはならないことを思い知っただろう」と述べている。オーストリアとプロイセンの敵対関係は、国際情勢のさらなる不安定化を招くという点で、ヨーロッパの重要問題だった。これは、七年戦争の勃発に際して、驚くべき外交転換を引き起こした。一七五六年に、別のいがみあう敵同士であったオーストリアとフランスが同盟を結んだのである。オーストリアは、フランスの軍事力をシュレジエン再征服に利用しようとしたのであり、一方のフランスは、オーストリアをヨーロッパでの戦争に専念させ、自分たちは対岸のイギリスに対して、思いのままに戦火を浴びせようとしたのだった。

結局その通りにはならなかった。フランスは、ヨーロッパでプロイセンに、インドやカナダでイギリスに、あっけなく敗北したのである。フランスの一般民衆の怒りは、プロイセンに対してではなく（フリードリヒ大王は啓蒙君主として敬愛されていた）、オーストリアに対して向けられた。というのも、オーストリアがフランスの犠牲に対して、ほとんど見返りをよこさなかったと広く考えられたからである。一七七〇年、のちのルイ十六世とオーストリア人の新婦マリ＝アントワネットが結婚すると、国王夫婦はこの反オーストリア感情の標的となる。一七九二年のフランス戦争の原因の一つは、フランスのオーストリアに対するこの根深い不信感であったが、世論で特別に悪い位置を占めていたのは、フランスの仇敵イギリスであった。

英仏のような海洋をめぐる敵対関係によって、フランス革命戦争とナポレオン戦争が世界規模へと発展した。十八世紀ヨーロッパの戦争は、大陸だけでなく海洋でも行われたのである。

当時の重商主義思想によれば、イギリス、フランス、スペイン、ポルトガル、ネーデルラントのような西ヨーロッパの海軍を有する強国にとって、帝国と貿易支配は必要不可欠であった。世界の富は有限なのだから、競合する各国家の課題は、世界の富を可能な限り摑み、同時に敵対国家の富の獲得を妨げることだ、という論理である。これは、ヨーロッパの帝国主義システムの根底にあるもので、香辛料、茶、綿、絹、金、銀、コーヒー、砂糖、インディゴといった商品——最後の三つは、奴隷たちの労働、涙、汗、血でもって製造された商品である——を扱う自国の植民地貿易から、外国を排除しようとした。帝国主義貿易や、ときに植民地への直接課税でかすめ取った金は政府の収入となり、さらに重要なことにヨーロッパの金融市場の信用となって、莫大な軍事費が補塡された。それゆえに、入植者、商人、海軍が圧迫し合い、探り合い、衝突し合うとき、帝国の敵対関係は、ヨーロッパの国々の抗争の最もデリケートな原因の一つであった。ヨーロッパで戦争が宣言されるよりも前に植民地で戦闘が頻発しており、ひとたび勃発すると、ヨーロッパの帝国の一部をなす南北アメリカ大陸やアジアが、いくつかの主要な戦闘の舞台となった。

これらのすべての帝国対立のなかで最も激しい衝突は、イギリスとフランスのあいだで生じた。この原因は、単にヨーロッパにおける両国の地理的近さだけではなく、この二カ国がヨーロッパの海外拡張の先駆者たち、すなわちポルトガル、スペイン、オランダの衰退を利用しようとしたことにもあった。十八世紀を通じて、フランスとイギリスは、強力な帝国主義国家として台頭した。イギリスが常に一歩先を行ったが、フランスもかなりの前進を見せた。フランスの海外貿易の規模は、一七一六年から一七八七年にかけて三倍以上になっており、なかでも植民地貿易――大部分はフランス領カリブ海諸島との貿易――は十倍に増加している。この急増は、一七九三年のイギリスとの戦争が勃発する直前まで続く。しかしながら、商業の勢いにもかかわらず、フランスはイギリスに対する軍事的挑戦で成功を収めることができなかった。例外は、自国の海軍を他の海洋国家と連携させたときである。アメリカ独立戦争でフランス、オランダ、スペインの海軍が連携したことは、一七八一年の重要な時期に、海軍を過度に散開させせられたイギリスが海洋の覇権を失い、フランスとアメリカの軍隊がヨークタウンで決定的な一撃を与えられた理由を説明している。一七九二年から一八一五年にかけてのフランス戦争のあいだに、フランスがスペインと連携し、ネーデルラントを支配したことは、イギリスとの抗争で極めて重要になる。また帝国主義によって、戦争がまさに世界規模で影響を及ぼすことになった。インドに残る数少ないフランス植民地の一つポンディシェリのフランス人指導者たちは、一七九〇年の報告書で「フランスとイギリスのあいだの恒久的平和は、人類愛がでっちあげた美しい妄想だ」と警告している。

国際秩序の危機、一七八七―一七九二年

これらすべての長期的問題がフランス革命戦争とナポレオン戦争で結びつき、大惨事を招いた。戦争は、一七八七年から一七九二年にかけてのヨーロッパの長期的かつ複雑な政治危機の帰結であり、フランス革命はその一つだった。ヨーロッパを大惨事へと追いやる三つの力は、東方における新たなロシア勢力の台頭、フランスの革命、そして、当時衝撃を与えた外交転換の一つであるオーストリアとプロイセンの同盟であった。ロシアの拡大は、以前と同じように、トルコとポーランドから領土を奪うことによってなされた。一七八七年八月に勃発したロシア＝トルコ戦争の国際的影響は複雑であったが、さしあたり最も重要なのは、一七九二年一月に講和がなされる頃には、黒海におけるロシアの立場が、以前よりかなり強力になっていたという点である。次の犠牲はポーランドであった。ポーランドでは、エカチェリーナ大帝とかつて恋仲にあった国王スタニスワフ・アウグスト・ポニャトフスキが女帝《ツァーリナ》の飼い犬になることを拒み、一連の改革に着手してポーランド国家の強大化を目指した。王と議会《セイム》は、トルコとの戦争というロシアの混乱を利用して、一七九一年五月三日にヨーロッパで初となる成文憲法を制定し、ロシアにはっきりと抗議した。再び活気づいたポーランドは、オスマン帝国との同盟があれば、ロシアの拡大を阻止したかもしれない。激怒した女帝《ツァーリナ》は、ポーランドが革命的「ジャコバン主義」に汚染されていると公然と訴えた。こうした事態に直面したスタニスワフは、自国が同盟国と協力することでしか存続できないと理解していたのだが、ポーランドの伝統的な友好国フランスは支援できる状況になかった。まさに西方でフランス革命戦争が勃発したとき、一七九二年五月にロシアは侵攻した。ロシアとプロイセンは、一七九三年の第二次分割において、ポーランドからさらなる領土を奪い取ったが、事態はますます激化していく。「ポーランド問題」は悪化の一途をたどり、将来のヨーロッパの抗争における危機的時期に再燃することになる。

西では、一七八九年にフランスが長期的な活動停止に陥りそうだった——正直なところ、多くのヨーロッパ諸国が安堵した。一七八七年にプロイセンが民主的な親フランス体制を樹立したネーデルラントの革命をイギリスの支援を受けて鎮圧したとき、フランスが破産寸前の状態にあり軍事力が徐々に弱まっていたことが、無様にもすでに露呈していた。フランスは歯を食いしばることしかできなかったのである。フランスの外交家ルイ゠フィリップ・ド・セギュールは、こう記している。「私は、この弱々しい振舞いと私たちの敵の勝利に驚いた。その時から、私は地獄の口が開いているのを目にした。一方では弱体化した政府が、もう一方では暴走した情熱が、私の祖国と国王をそこへ引きずっていた」。一七八九年に絶対王政が崩壊したとき、フランスの弱体化を熟知していた革命家たちは、国際対立を避けるために手を尽くした。カナダ西岸のヌートカ湾で起きた船舶事件によって、イギリスと戦争が勃発しそうになっていた一七九〇年五月二十二日、フランス国民議会は「フランス国民は……いかなる人民の自由に対しても、決して武力を行使しない」として、すべての征服戦争を放棄した。しかし、いくつかの出来事が緊張をもたらさずにはおかなかった。まさに革命が始まった瞬間から、保守派の貴族、軍将校、聖職者が、革命を逃れてドイツのいくつかの諸侯領に集結した。これらの亡命者《エミグレ》たちは、フランスの旧体制を再建すべくオーストリアの介入を執拗に要求するコンデ公のもとで軍隊を結集し始めた。オーストリア皇帝レオポルト二世は、うるさくも力を持たない厄介者として、過大評価することなく彼らを受け止めたが、亡命者《エミグレ》たちの軍隊の存在ははっきりとフランス侵攻の恐れを掻き立てた。他の緊張もあった。例えば、国民議会が一七八九年八月に「封建制」と呼ぶものを廃止したとき、また一七九一年九月にアヴィニョン教皇領とヴナスク伯領を併合したとき、アルザスに土地を持っていたドイツ諸侯たちは主権を失い、賠償を要求した。ただし、これらの問題は戦争を引き起こすほどのものではなかった。どちらの場合も、ヨーロッパの列強がまったく動揺しなかったからである。しかし、二つの事件は、革命からの明白なメッセージだった。つまり、フランスは旧体制の取り決めではなく、国民の自己決定の原理によって導かれるというものである。

フランスを戦争へと追いやったのは、革命内部の政治力学であった。問題の一端は、国王ルイ十六世が立憲君主としての統治に無気力だったことにある。彼は、一七九一年六月の致命的な「ヴァレンヌ逃亡」で家族とともに国外への脱出を試みて、パリに政治危機をもたらした。国王が立憲君主としての統治を望まないという立場を明確にしたとき、どのように立憲君主政が機能しえるだろうか。ルイが首都に屈辱的な帰還をしたとき、共和主義運動はすでに活発だったが、かなりの穏健派が、新憲法が正常に機能することを期待し続けた。七月に共和主義運動が武力で鎮圧され、九月に国王が一七九一年憲法を受け入れた。しかし、新たな立法議会の選挙で、強力な左派議員の一団が当選した。明晰な雄弁家たちの多くが南西のジロンド県出身だったため、彼らはまもなくジロンド派と呼ばれることになる。彼らは、ルイの憲法承認が見せかけであると確信し、これを暴露してその過程で権力を手に入れようとした。ジロンド派は、亡命者をかくまう神聖ローマ帝国の諸侯たちと戦争すれば（レオポルトが皇帝であったため、これはオーストリアとの戦争をも意味した）、国王はフランスとその敵のあいだで、革命と反革命のあいだで、自身の立場を明確にせざるをえなくなると考えたのである。

一方、右派の「ラファイエット派」は、戦争が起これば、国王は勝利のためにアメリカ独立戦争の英雄ラファイエットに頼らざるをえなくなり、勝利後にラファイエット将軍が、パリの厄介な革命家たちを剣で抑えつけ、王権を支えるだろうと予想した。中央を占めたのは、王政を支持するフイヤン派だった。彼らは、何よりも憲法が機能することを望み、それゆえに戦争に反対した。マクシミリアン・ロベスピエールも、予想に反して同じく戦争に反対だった。彼は、ジロンド派と激しく対立してまもなく分裂することになる、ジャコバン派という異なる左派グループの指導者として頭角を現しつつあった。ロベスピエールは、次のようにジロンド派の主張に異を唱えた。ジロンド派の指導者の一人ジャック＝ピエール・ブリソが、戦争は「普遍的自由を目指す十字軍」になると訴えて熱狂させたとき、ロベスピエールは「誰も武装した宣教師など好まない」と警告したのである。しかし、ジロンド派が勝利する。一因は、ルイ

Louis XVI a l'Assemblée législative avec ses ministres Jacoquins déclarant la Guerre.

図２　議員たちが喝采するなか、ルイ16世が議会でオーストリアに宣戦布告する。彼らは、戦争賛成の異なる動機を持っており、20年以上にわたってヨーロッパを飲み込む戦争を始めるのに一役買った。

十六世自身が、オーストリアが依然革命の衝撃から回復途中のフランス軍を戦争で打ち負かし、自分の権威を復活させてくれるだろうと信じて、密かに自分の未来を戦争に賭けたことにある。それゆえに一七九二年四月二十日、国王は議会に対して宣戦布告を要求した。反対票はわずか七票で開戦が宣言された。これ以降、ヨーロッパは一八一五年まで長期的な平和状態を経験することはない（図２を参照）。

西で戦争を引き起こした発端はフランスの国内政治にあったけれども、国際関係の再編成の結果でもあった。この再編成によって、一時的であったにせよ、十八世紀の抗争の主要な原因の一つであるオーストリアとプロイセンの敵対関係が急激に弱まった。歩み寄りは苦しいプロセスであったが、一七八七年から一七九二年にかけてのロシア＝トルコ戦争が、ヨーロッパで特別な重要性を帯びたのは、まさにこの場面である。オーストリアは、一七八一年以降ロシアと同盟を結んでおり、一七八八年にトルコに対する戦争に引きずり込まれて、軍隊がバルカン半島でもがき苦しんでいた。また、オーストリア領のベルギー、ハンガリー、チロルの臣民が反乱した、あるいは今にも反乱を起こしそうな状況だった。プロイセンのフリードリヒ・ヴィルヘルム二世は、ここに、ハプスブルク帝国を決定的に粉砕する好機を見出したのである。一七八九年末頃に、フリードリヒ・ヴィルヘルムはシュレジエンに軍隊を集結させ、春にオーストリアを攻撃する計画を立てた。オーストリアにとって幸運なことに、トルコに対する戦争の形勢が間一髪で変わった。一七九〇年に、皇帝レオポルトは戦争から撤退し、国内の反対意見をなだめ、あるいは鎮圧して、(七月に) ライヘンバッハでプロイセンと講和条約の交渉をすることができた。

フリードリヒ・ヴィルヘルムは一歩引いたものの、満足していなかった。彼が行った一七八七年のネーデルラント侵攻とオーストリアに対する動員は、プロイセンにとって実質的に何も得るものがなかったからである。彼は、窮地に立ったポーランドあるいは弱体化したフランスにつけ込む新たな好機を見出した。早くも一七九〇年秋に、オーストリアに向けて、フランスに対する協同行動を起こせば大きな利益がもたらされると持ちかけた。だがレオポルトは、フランスの状況が一七九一年夏のヴァレンヌ逃亡事件で急展開を遂げるまで承諾しなかった。そして、悲劇的な大失態が犯された。八月二十七日のピルニッツ宣言で、フリードリヒ・ヴィルヘルムとレオポルトが、ルイ十六世の深刻な状況はすべての君主にとって共通の懸念事項であり、彼の権威の再興のために協同行動が必要だと宣言したのである。プロイセンは領土征服に夢中になっていたが、レオポルトはそれでもなお、武力行使の威嚇によって単にフランスを国内情勢の安定化に専念させたいと考えているように見えた。彼は致命的に計算を誤った。パリの革命家たちが、宣言を額面通りに受け取ってしまったのである。もはや止めることのできない戦争への転落が始まったのは、この時である。というのも、パリで戦争熱がますます高まっていく段階に至ってようやく、レオポルトは、フランスに対する軍事攻撃に向けての正式な同盟というプロイセンの提案を承諾したのである。同盟は一七九二年二月七日に締結された。実際に四月に宣戦布告したのはフランスだったが、すでに戦線が形成されつつあった。このように一七九二年の春までに、二つの大きな危機が、ひとつは西方で、もうひとつはポーランドをめぐって東方で姿を見せつつあった。次章では、これら二つの対立が、どのように、そしてなぜ、たった一つの巨大な嵐へと結びつき、全ヨーロッパを飲み込んだのかについて論じることにしよう。

第二章　フランス革命戦争、一七九二―一八〇二年

一七九二年四月、フランスは軽率にもオーストリアに宣戦布告した。国内の諸勢力――国王、ラファイエット派、ジロンド派――が、戦争を政治権力獲得の手段だと考えたのである。彼らの狙いは実に様々だったが、ある決定的な点で皆一致していた。すなわち、彼らの目論みは、どれも大きな誤算だったのである。ルイ十六世は戦争に突入して九カ月後にギロチンで首を刎ねられ、ラファイエットは敵側に亡命し、ジロンド派は確かに一七九二年八月に立憲君主政の残骸のうえに権力を手に入れたものの、自分たちが招くのに一役買った危機を抑えるのに苦労した。フランスが恐怖政治に陥ると、一七九三年六月、ジロンド派はより冷厳な政敵であるジャコバン派――ロベスピエールを指導者とする、より過激な共和主義者たちで、事実上パリの民衆と手を組み、危機に対処するためにより厳しい施策を主張した――に追放され、十月に指導者たちが一斉に首を刎ねられた。戦争は、フランスが短期間で難なく勝利を収めるどころか、十年間のうちにヨーロッパ全域を飲み込む規模に膨らんでいった。これは戦争が、フランス革命とヨーロッパの旧体制のあいだのイデオロギー対立ではなく、長期的な国際摩擦の産

物であったからである。フランス革命が無関係だったと言いたいのではない。というのも、（当時の政治家が、いつもこうした見方をしていたわけではないが）この政治動乱以降、フランスは、ヨーロッパの安全保障に対する唯一最大の脅威として台頭したのである。戦争はまた、フランス革命の運命を予測できない進路に縛りつけ、紆余曲折を経て、最終的にナポレオン・ボナパルトの独裁政治へと引きずりこんだ。ただしナポレオン戦争は、あらゆる点でフランス革命戦争の延長だったわけではない。フランス共和国が侵略的で膨張主義をとっていたとはいえ、ナポレオンの野望は地理的により一層広大であって、フランスの戦略的安全保障ではなく、ナポレオン個人の政治権力への野望が目指された。しかし、フランス革命と戦争の両方がなければ、ボナパルトが一七九九年に権力を摑むことは決してなかっただろうし、唯一にして最も重要な武器を受け継ぐことも決してなかっただろう。その武器とはフランスの活気であり、恐るべき軍事力と侵略能力である。フランス共和国とナポレオンの積極的な膨張主義は間違いなく、一七九二年から一八一五年までフランス戦争の苦難を長引かせた圧倒的に最大の原因である。しかし、それだけが原因ではない。フランスの勢力がヨーロッパ中を席捲したときでさえ、他国も同様に、隙を窺いながら自国の領土的・戦略的利益を積極的に追求した。この波は最終的に、気が滅入るほど多岐にわたる十八世紀の国際対立を結びつけ、一つの壊滅的な大嵐へと変えた。ディヴィッド・ロイド・ジョージが第一次世界大戦について述べた言葉は、フランス戦争にもあてはまるだろう。「諸国民は……熱湯が沸きたつ大釜の縁を滑るように進んでいった」。

第一次対仏大同盟戦争、一七九二—一七九七年

通常フランス革命戦争は、一七九二年から一八〇二年にかけて行われた、フランスと第一次および第二次対仏大同盟のあいだの抗争として定義される。一七九二年当初、第一次対仏大同盟は、オーストリア、プロイセン、さらに神聖ローマ帝国の一部分を巻き込んでフランスと衝突したが、一七九三年春までに、イギリス、ネーデルラント、スペイン、ピエモンテ＝サルデーニャ、ナポリ、ポルトガルが加わった。大同盟は、あるいはフランスに占領され、あるいは最も都合の良い条件を確保するために講和がなされることで、ついにはイギリスのみが単独で戦うことになり、一七九七年十月に崩壊した。だが、大陸にひと息つく間はなかった。一七九八年夏に再び戦争が始まったのである。地理的規模は、第二次対仏大同盟の加盟国をそのまま反映しており、イギリス、オーストリア、ポルトガル、ナポリに加えて、オスマン帝国とロシアが巻き込まれた。大同盟は当初いくつか勝利を収めたが、その後崩壊した。両陣営がかなり疲弊したため、フランスとイギリスまでもが一八〇二年にアミアンで講和条約を結び、この条約が、フランス革命戦争に終止符を打った。

オーストリアは、フランス軍が単なる寄せ集めに過ぎないという予測をしていたが、一七九二

年の最初の軍事衝突でこの正しさがほとんど証明された。あまり訓練を受けていない志願兵たちは、オーストリアの熟練の軍団と初めて衝突したとき、壊滅して逃走した。五月二十一日にプロイセンが戦争に加わったとき、フリードリヒ・ヴィルヘルム二世の副官ヨハン・フォン・ビショフヴェルダーは、「喜劇は長くは続かない。弁士どもの軍隊などすぐに粉砕され、私たちは秋までに故郷に帰れるだろう」と述べ、数人の将校を安心させている。オーストリアとプロイセンの軍隊は、夏にゆっくりながらも着実にフランスへと進み、フランス革命初となる戦争に結びついた大きな政治危機をもたらした。サン＝キュロットと呼ばれるパリ民衆の闘士たちが、国民衛兵（一七八九年に創設された民兵組織）の支援を受けて立ち上がり、一七九二年八月十日にルイ十六世を打ち負かして、同年九月二十二日に共和国を宣言し、一七九三年一月二十一日に国王をギロチンにかけたのである。「国王たちが諸君を脅している！」と、革命の偉大な雄弁家ジョルジュ＝ジャック・ダントンは叫んだ。「諸君は奴らに手袋を投げつけたのだ。その手袋とは、国王の首のことだ」。しかし、両陣営で熱のこもった演説が聞かれたものの、実際には一七九二年九月二十日のヴァルミでフランスが最初の勝利を収めた後、戦争を突き動かすもっと伝統的な力が明らかになる。

フランス軍は、首都パリから百マイル離れた地点で立ちふさがり、プロイセンに対して抵抗した。ヴァルミは、ところどころ膝まであるような沼地で、およそ二万発の砲弾が放たれるような砲撃戦中心の激戦であった。フランスの志願兵たちはみすぼらしくも勇敢に抗戦し、赤痢に苦しむプロイセン軍に撤退を決意させた。その夜、落胆した陰気さが漂うなかで、ドイツの大作家ヨハン・ヴォルフガング・フォン・ゲーテは、プロイセンの将校たちに効き目のない慰めの言葉をかけている。「この場所から、この日から、世界史の新しい時代が始まる。あなたたちは皆、その誕生に居合わせたと言えるのだ」。当初、ゲーテの予言は的中するかに思われた。十一月六日、フランスがジュマップでオーストリアに対して勝利を収め、ベルギーへ侵攻する道が開けたのである。この運命の急激な逆転に酔って、国民公会は十一月十九日に法令（友愛宣言）を発布した。これは、フランス革命を輸出しようという公会の意志を宣言し、「自由を復興したいと望むすべての人民」に対して「友愛と支援」を約束したものである。これが意味するところは、既存の秩序の転覆であった。

しかし、フランス軍が低地地方一帯に押し寄せ、ラインラントへなだれこみ、南では、サヴォイア（ピエモンテ＝サルデーニャ王国が支配する公領であり、サヴォイアは、折悪しくヴァルミの戦いの翌日にフランスに宣戦布告した）へと進軍したとき、革命家たちは、即座に自分たちの原則を放棄した。占領された地域が、あまりに魅力的な供給源・資金源だったため、野放しにするには惜しかったのである。十二月十五日、公会はこれらの領土で旧体制を廃止したけれども、見返りとして解放にかかった軍事費を支払うよう住民に命じた。征服にともなう搾取がフランスの戦争遂行力を産み出したのであり、これは当初から見受けられる。しかし、このような無慈悲な政策が永遠に続くはずはなく、人民の政治的未来の問題を解決するはずもなかった。革命家たちは、まもなく自分たちの目標を明言した。防衛可能な国境線をとりわけ北方で確立することである。一七九三年一月、華々しい雄弁さを見せたのは、またしてもダントンだった。「フランスの境界は、自然によって印づけられており、それは地平の四方の果てまで達するだろう。すなわち、ライン川、海、アルプス山脈である」。パリの急進的なオランダ人亡命者たちの提案に基づいて、これらの「自然国境」を越えた占領地は「姉妹共和国」へと変換されることになる。フランスと同盟関係にありながらも、搾取される傀儡国家である。

しかし、これらの征服によって、戦争が外部へと拡大していくのが避けられなくなった。「自然国境」はサヴォイア、ラインラント、ベルギー、およびオランダ領土南部の併合を意味した。オランダ領土への侵攻は、当然ネーデルラントとの戦争を意味したが、それだけではなく、ルイ十六世の打倒と友愛宣言によってすでに歪みが生じていた英仏関係が、フランスの低地地方への侵略によって、極限まで張りつめた状況に陥った。イギリスの政治家たちは、友愛宣言が自国に適用されることを恐れており、組織的な猛反対があったのである。フランスが、一六四八年以降条約によって封鎖されていたスヘルデ川の船舶輸送を再開したことも、ブリテン諸島に直接的な戦略的脅威を及ぼした。もしフランスがネーデルラントを占領し、長距離に及ぶ北海沿岸とヨーロッパで四番目に大きい艦隊を手に入れたとしたら、英国海軍の近海を防衛する能力が著しく分散されることになる。二月一日、フランスはイギリスとネーデルラントの両方に宣戦布告した。事態をより一層深刻にしたのは、フランスが三月七日にスペインに対しても敵意を見せ、事実上すでに存在していた亀裂を現実的なものにしたことである。スペインは一七九二年八月に自軍を動員しており（賢明なことに、ヴァルミの戦い後の間一髪のところで撤退した）、ルイ十六世の処刑を厳しく糾弾していたのである（スペイン国王カルロス四世もまたブルボン家であった）。それゆえに、ヨーロッパにおけるフランスの勝利の直接的影響は、一つの危機――フランスとドイツ諸国の関係をめぐる問題――を、西欧諸国の海洋をめぐる敵対関係というもう一つの長期的問題と結びつけたことである。これによって、戦争が世界規模で影響を及ぼすことになった。

なかでも最も重要な余波は、カリブ海において、とりわけハイチで感じられた。ハイチは、全フランス植民地のなかで最も繁栄していたが、一七九一年八月にアフリカ人奴隷が蜂起したとき、突如として炎に包まれた。奴隷たちは、フランス帝国の政府当局や人種ヒエラルキーが革命によって致命的に弱まっていることを知っていたのである。ヨーロッパの戦争は、いまや海を越えた帝国を巻き込み、ハイチ革命は世界闘争の一部になった。隣接するサント・ドミンゴのスペイン人将校たちが、即座に援軍として反乱者たちを支援し始めたのに対して、イギリスは、奴隷制の再興と反乱に対する保護の見返りとしてイギリスの権威への服従を誓った白人植民者たちを支援することを選んだ。フランス側の対応はとても重大なものだった。ハイチにおけるフランス共和国の代表委員が、ハイチ人が実質的に自由を勝ち取ったことを認め、奴隷制廃止を宣言したのである。一七九四年二月四日、パリの公会は、この決定がフランス帝国全体に適用されることを承認した。カリスマ的指導者の一人トゥサン・ルヴェルチュールを含むハイチの革命家たちは、ゆっくりと注意を払いながらフランス陣営に移った。一七九三年九月、スペインとイギリスはハイチに侵攻したが反撃にあい、イギリスは一七九八年に撤退した。

ヨーロッパに話を戻そう。一七九三年初春の時点で、フランス革命は、大同盟の結束した力を前に崩壊の瀬戸際にあった。フランスは、北、東、南のあらゆる国境から侵略を受けた。公会は徴兵を課すという致命的な一歩を踏み、三月にフランス西部で大規模な反革命を招いた。最も有名なのはヴァンデ地方であり、一八〇〇年まで続く残虐な内戦によって、死者数は共和派・王党派の双方を合わせて、恐ろしくも四十万人に達したとされる。戦争と反革命の問題だけではなく、パリにおける飢餓、インフレーション、民衆蜂起の漠然とした脅威など、状況は緊迫していた。ジロンド派は圧倒され、一七九三年六月二日に宿敵ジャコバン派に倒された。フランスは内戦状態に陥り、パリのジャコバン政府はこれを鎮めて、血みどろの報復を行おうとしたが、それよりも前の一七九三年八月、フランスのトゥロン――フランスの地中海艦隊の基地――の反乱者たちが、イギリスに港を譲り渡した。若きナポレオン・ボナパルトは、砲兵隊を率いて十二月にイギリス人を追い出した。ジャコバンは、恐怖政治によってしかこの深刻な危機を打開できなかった。例えば、「反革命容疑者」の逮捕、反逆罪を告発する人民裁判・処刑、共和国に公然と歯向かったとされる人民の即刻死刑、厳罰に支えられた厳しい経済統制、そして何より、戦争を最大限遂行するための政府権限の強化である。八月二十三日の国民総動員令によって、すべての成人男性とあらゆる国家資源が徴用された。近代初となる「総力戦《トータル・ウォー》」の試みである。一七九四年末までに、百万人ちかくのフランス人が軍役につき、その四分の三が実動兵力となった。

一七九四年六月二十六日、フランスがフルリュスでオーストリアに対して決定的な勝利を収めたことによって、戦争の止まった振り子が再び動き出した。イギリス人が「栄光の六月一日」として記憶する戦闘で、圧倒的な強さを誇るイギリス海軍がフランス艦隊に勝利したものの、大陸における新生フランスの勢いはとどまるところを知らなかった。一七九四年七月二十七日、戦局の変化にともなって、ジャコバン独裁は打倒され（テルミドールのクーデタ）、恐怖政治は終わった。翌年、公会は新憲法を起草し、総裁政府を樹立した。一七九五年十月から総裁政府がフランスを治めるのだが、まだ砲兵隊将校であったボナパルトが、総裁政府を死産から救っている。というのも同月、彼はパリにおける王党派の反乱を「ぶどう弾の射撃」によって鎮圧したのである。四年後に、彼自身がこの体制を滅ぼすことになる。

しばらくのあいだ、フランス軍はあらゆる前線で押し進み、ベルギー、ラインラント、スペイン北部になだれ込んだ。一七九四—九五年の厳冬には、青いコートを羽織ったフランス軍団が、ネーデルラントへの進軍を試みてさえいる。というのも、いつもこの国の自然要塞をなす水路が凍って、固まっていたのである。一月、氷がとても厚かったので、フランスの騎兵隊は、テセル島に停泊していたオランダ艦隊の攻略を目指して、氷海を軋ませながら渡った。ティム・ブラニングは「騎兵が海戦を制したのは最初で最後だ（と考えられるはずだ）」と書いている。形勢はフランスに有利に傾いていた。プロイセンは一七九五年四月にバーゼルで講和条約に調印し、ネーデルラントは五月にフランス初の「姉妹共和国」となった。ベルギーは十月に正式にフランスに併合された。スペインも一七九五年七月にバーゼルで講和条約に調印し、一七九六年八月にこの敬虔なカトリック王国は神なきフランスとの同盟関係を結ぶまでになった。いつもフランスとイギリスの敵対関係の板挟みになっていたスペインは、広大な海外帝国を保証してくれる国として最も期待できるのはフランスだと考えたのである。フランスはいまや、自国の艦隊とオランダ・スペインの艦隊を組み合わせることができた。これに対して、フリースラント諸島からガリシアにいたる沿岸一帯をフランスに支配されたことによって、英国海軍の能力は大きな負担を強いられた。イギリスは、なかでも最大の脅威を打ち消すべく、即座に行動に移った。喜望峰に位置するオランダ植民地を攻撃したのである。この攻撃を指揮したイギリス人司令官が説明したように、喜望峰は「オランダの手にあっては羽飾りのようなものだが、フランスの手にあっては剣だ」った。インドとヨーロッパを結ぶ海路の要所だったからである。

しかしフランスは、イギリスに対する優勢の最高潮に達しようとしていた。一七九六年十二月、フランス艦隊が嵐によって散り散りになり、アイルランド侵略は未遂に終わった。一七九七年二月、いまだ深刻な危機にあると思われたために、イングランド銀行で取り付け騒ぎがあった。スペイン艦隊がブレストでフランスの大西洋艦隊と連携しようとしていたとき、イギリスの海軍提督ジョン・ジャーヴィス卿がサン・ヴィセンテ岬沖で、数で勝るスペイン艦隊を遮って破壊し、その月のうちに騒ぎは収まった。だが危機は過ぎ去っていなかった。三月、フランスが、ペンブルックシャー沿岸に脱走兵と冒険家の雑多な一団を上陸させようとしたのである。これがブリテン本島への最後の侵攻となるが、すぐに掃討された。しかし三月と六月に、スピットヘッドとノアの英国海軍で、主に給与、配給食料、環境をめぐって反乱が生じた。処刑と譲歩を組み合わせて鎮圧されたが、この反乱は、まさにイギリスの状況がいかに不安定であったかを示している。一七九七年十月、オランダ艦隊が出港し、キャンパーダウン沖で海軍提督アダム・ダンカンの艦隊に遭遇したとき、フランスとその同盟国は再び団結しようとした。オランダは根強く抵抗し、九隻の戦列艦が拿捕されるまで持ちこたえた。海をめぐる抗争が、アメリカ合衆国との宣戦布告なしの海戦へと発展したとき、フランスの問題はさらに複雑になる。

ヨーロッパの戦争は、米仏関係に歪みをもたらした。フランスが旧体制期にアメリカ独立戦争に介入した一七七八年以降、両国は理屈のうえでは同盟関係にあったが、一七九三年にアメリカ合衆国は中立を宣言した。というのも、アメリカの軍事力は小さいうえに、イギリスは誕生して間もないアメリカ共和国の最も重要な貿易相手であったからである。さらに、あまりに熱心なフランス大使エドモン・ジュネが、アメリカの港から出航する私掠船をイギリスの船舶輸送に対して武装させ、フランスに対するアメリカの公的な支援を煽ろうとしたことで、ジョージ・ワシントン大統領が腹を立てた。しかし、アメリカもイギリスに対して不満を抱いていた。イギリスがフランスの貿易を圧迫しようとしたように、アメリカに対しても船舶輸送を妨害し、英国海軍の脱走兵だと嫌疑をかけた船員を拘束したのである。危うくこの二カ国は戦争へと滑り落ちるところだったが、一七九四年十一月、ジェイ条約（関わったアメリカの外交官にちなんで名づけられた）で不和を解消し、双方が瀬戸際で引き返した。この条約によって、フランスとアメリカの同盟関係は実質的に引き裂かれた。フランスは憤慨し、即座に私掠船を用いてアメリカの商船への攻撃を開始した。一七九七年六月までに、フランスは約三百十六隻の船を捕獲した。二つの共和国は、正式に宣戦布告することはなかったものの、怒りに任せて公海で多数の砲弾を交えた。狡猾なフランスの外務大臣シャルル＝モリス・タレランが、「ＸＹＺ」という匿名でのみ知られる三人の代理人を介して、アメリカ合衆国の特使たちと接触し、賄賂を引き出そうとしたことが、一七九八年四月に露呈したとき、アメリカの交渉努力は水泡に帰した。擬似戦争が猛威をふるっていく。

フランスは海で阻まれたけれども、陸で勝利を収めた。一七九六年、フランスはドイツ方面への攻撃に手間取っていたが、将軍となったボナパルトがイタリアを素早く攻撃したことによって埋め合わせがなされた。四月、ピエモンテ軍は裏をかかれて圧倒され、月末までに和平を請うた。その後、ボナパルトはオーストリアに対して行動を起こした。五月十日にローディでオーストリアを打ち負かし、五日後にはイタリアにおけるオーストリア勢力の中心地ミラノに入った。彼らはとても素早く移動したので、ドイツを通ってオーストリアに向かう他のフランスの進軍を追い抜いた。それゆえにボナパルトは、北に向かって攻撃するのを待つあいだ、イタリア中心部を襲撃し、パルマ、モデナ、トスカーナに金属通貨を差し出すよう強制した。被害は教皇にも降りかかった。フランスは、教皇領――中央イタリアにある歴代教皇の領地――を侵略し、一七九七年二月のトレンティーノ条約で、教皇領の一部を新たなイタリアの姉妹共和国であるチザルピーナ共和国へと割譲させ、またいくつかの最も大切な芸術作品をフランスへと持ち去り、ルーヴルに置いた。それからボナパルトは、北でオーストリアの反撃を三度も撃退し、アルプスを越えてオーストリア本国に攻め入って、一七九七年四月にレオーベンで停戦協定を結んだ。最終的には十月に、カンポ゠フォルミオで講和条約が締結された。オーストリアは、フランスがライン川左岸を併合することに同意した。ようやく手に入れた「自然国境」である。また、ボナパルトは旧体制の勢力均衡の流儀に不意に戻って、オーストリアのヴェネチア併合を認める見返りに、オーストリアにチザルピーナ共和国を承認させた。こうして第一次対仏大同盟戦争は終結した。

これは平和状態というより、膠着状態だった。九月にパリでクーデタが生じて（フリュクチドールのクーデタ）、立法府と総裁政府から穏健共和派と王党派あるいは王党派の嫌疑をかけられた者が排除され、一七九七年夏にイギリスとフランスの交渉が決裂した。クーデタは軍事介入をともなっており、危険な政治的先例となった。部隊を提供したのが、ボナパルトだったからである。いまや、断固として猛烈な戦争を追求しようとする強硬派の共和主義者たちが総裁政府を率いており、この点で、彼らは将軍たちの全身全霊の支援を受けた。一七九八年初頭には北フランスの港で、ボナパルトが待望のイギリスへの攻撃に備えて命じた「イギリス侵略軍」の集結が見られた。しかしフランス軍は、十分な期間にわたってイギリス海峡を制圧することができなかった。彼らの最たる試みは、五月に起こったアイルランド人のグレート・ブリテン島の支配に対する蜂起を支援するために、千人をアイルランドに上陸させたことであったが、時すでに遅く影響を及ぼすことはなかった。

この時までに戦争は東方に向かってとどろき、ロシアの膨張という別の長期的な問題を巻き込んだ。ロシアによる一七九二年五月のポーランド占領と一七九三年の第二次ポーランド分割は、当然ポーランドのパトリオティズムを掻き立てた。タデウシ・コシューシコは、フランスの支援を得ることに失敗したまま、一七九四年三月にクラクフでポーランドの蜂起を宣言した。当初いくつか勝利を収めたが、蜂起はロシアの圧倒的な数の力で鎮圧された。ロシアがワルシャワに迫ってきたとき、プロイセンは革命フランスとの戦争から離脱し、ポーランドにおける領土獲得の分け前にあずかろうと狙った。革命フランスとの戦争が、予想していたような単なる「遠足」にならなかったためである。西方でプロイセンよりも深く戦争に関わっていたオーストリアまでもが、征服の分け前にあずかろうと決意していた。オーストリアは、ポーランドに対する軍事行動のために、ベルギーから二万人の兵士を引き上げさせたのである。ドイツにおける二つの大国は、六月にポーランドに侵攻した。ロシアは、フランスの恐怖政治が手緩いと思えるほどの大虐殺（十一月四日のたった一日で二万人のポーランド人が虐殺された）を行って、ワルシャワを占領した。ロシア、オーストリア、プロイセンによって第三次分割が行われ、新年にポーランドは政治地図から消え去った。

第二次対仏大同盟戦争、一七九八―一八〇二年

このように東西の戦争には関連があったものの、まだ一つの戦争へと融合してはいなかった。しかし嵐は結びつき、一七九八年、ロシアとオスマン帝国が第二次対仏大同盟戦争に巻き込まれた。引き金となったのは、ボナパルトのエジプト侵攻である。この無鉄砲な企ては、主に二つの考えによって引き起こされた。第一に、本土への侵略でも、海戦でも、イギリスを打ち負かせないということが明らかになったので、フランスは、イギリスに挑む別の手段を見つけなくてはならなかった。エジプトは、紅海の拠点をフランスに提供してくれるだろうし、そこからインドに攻撃を浴びせられると考えたのである。第二に、中東における帝国建設は、南北アメリカ大陸におけるフランス帝国の損失の埋め合わせになると考えられた。一七九八年六月、フランス軍はエジプトに上陸し、アレクサンドリアに攻め込んで、トルコ皇帝《スルタン》の名におい

てエジプトを支配していたマムルークたちを打ち負かし（七月二十一日のピラミッドの戦い）、三日後にカイロを占領した。しかし、ボナパルトはずっと浮かれてはいられなかった。八月一日、海軍提督ホレーショ・ネルソン率いるイギリス海軍が、アブキール湾でフランス艦隊を攻撃し、完全に滅ぼしたのである。オスマン帝国は、この勝利に促されて戦うことを決意したのだが、もっと劇的なのは、ボナパルトの行動がロシアの参戦を招いたことである。

イタリアにおけるフランス革命軍の南への進撃は、ロシアの戦略的利益を脅かした。というのも、ロシアの船舶は黒海を通じて地中海に入ることができたからである。カンポ＝フォルミオの和約によって、フランスがイオニア諸島を獲得したとき、さらに憂慮すべき事態が生まれた。イオニア諸島はアドリア海の入口を守っており、ロシアが自らの勢力圏だとみなしていた東地中海進出の拠点となりえたためである。最終的なきっかけは、ボナパルトがエジプト侵略の途中でマルタ島を征服して十六世紀から島を統治していた聖ヨハネ騎士団を打倒し、騎士団の庇護者であると公言していた皇帝《ツァーリ》パーヴェル一世を怒らせたことであった。イギリスがアブキール湾で勝利を収めたこともまた、彼らが必要としていた勇気を与えた。

オーストリアもまた、再び銃剣をとるように促された。オーストリアは負傷して荒んだ状態だったが、猛威を振るうフランスを、自国の戦略的安全保障に対する大きな脅威だとみなし続けた。ウィーンでは、革命という巨大な怪物との再戦がもたらす被害を恐れる根強い声が聞かれたが、一七九八年のフランスの地中海侵略という荒波の音にかき消された。アブキール湾におけるネルソンの勝利とプロイセンの中立がもたらす安堵によって、皇帝フランツ二世は危険を冒してでも、フランスに対してさらなる攻撃を加える価値があると考えた。九月、ロシアとの同盟が成立した。

しかし、オーストリアとロシアが自分たちの軍事計画（イタリアおよびフランスが占領するスイスを通ってフランスを攻撃）に沿って行動するよりも前に、十一月に最初の争いがイタリアで起こった。同様にアブキール湾の戦いに勇気づけられたナポリが、北に向かって、フランスの「姉妹」たるローマ共和国（その年の初めにつくられた）を攻撃したのである。この時期尚早な攻撃の結果は悲惨だった。フランスはナポリ軍を一掃して占領し、一七九九年一月、新たな共和国を建設した。

第二次対仏大同盟は、四月になってようやく反撃に打って出ることができた。ロシアのアレクサンドル・スヴォロフ将軍は、オーストリア・ロシア軍を指揮して二週間かけてミラノへ向かい、南へ方向転換して、容赦なく続く猛烈な戦いでフランスを打ち負かした。フランス軍は、よろめきながらイタリアを後にしたが、フランスの敗北によって民衆蜂起が急増した。南では、ファブリツィオ・ルッフォ枢機卿率いる「聖なる信仰団」がシチリア島から侵入し、教会と王の名のもとにナポリ共和国を打倒した。トスカーナでは、群衆が（「マリア万歳」と）聖母マリアの名前を叫びながら、親フランス政府を駆逐した。これら反革命の蜂起には、負の側面がなかったわけではない。シエナではユダヤ住民が大量虐殺されたのである。大同盟軍はスイスに

図３　この英雄的絵画は、画家が意図したように、1799 年のフランス革命軍に攻め入ったときのスヴォロフと彼の兵士たちの決意を見事に表している。

攻め入り、六月までにフランス本国への攻撃準備を整えた（図3を参照）。八月、イギリスとロシアは、ネーデルラントで陸海軍の両方を動員する軍事行動に乗り出し、南のアムステルダムへと進んだ。

この大失態はフランス国内に危機的状況を招いたが、これこそがボナパルトの台頭をもたらすのである。トゥルーズ一帯で反革命の蜂起が発生し、ヴァンデの反乱が再燃した。多くの穏健共和主義者が、反革命と大同盟軍の侵攻という二つの脅威に直面して、恐怖政治を呼び覚ますような非常手段に訴えることを避けようと努力し、ついに強力な政府を作るときがきたと判断した。彼らはクーデタへの軍事支援を求め、ボナパルトはエジプトに自軍を残したまま、十月にフレジュスに降り立ち、パリに到着した。彼は、十一月九―十日のブリュメールのクーデタを指導して総裁政府を倒した。第一統領として権力を奪取し、自分を利用してきた政治家たちに辛酸を嘗めさせたのである。

これは好機だった。形勢が再びフランスに有利に傾きつつあったのである。トゥルーズ一帯の反革命は鎮圧され、ボナパルトは新年にヴァンデの反乱者たちと講和条約を結んだ。フランス軍は、一七九九年九月にチューリヒからロシアを追い出し、またロシアとイギリスのネーデルラント遠征軍は文字通り「ぬかるみにはまり」、十月に撤退を余儀なくされた。第二次対仏大同盟に亀裂が生じた。イギリスは、フランスがかつての国境まで戻ることを望んでおり、ロシアはフランス共和国を完全に滅ぼそうとしていた。これに対して、オーストリアはまずもって、ベルギーとライン川左岸の損失の埋め合わせとして、イタリア征服の成果をもぎ取ることを望んでいたのである。イギリスが、壊血病に苦しむフランス駐屯軍からマルタ島を奪回したとき、皇帝《ツァーリ》パーヴェルは激怒したが、イギリスは自国のためにこの戦略的至宝を保持するという強い意思を示した。

パーヴェルは、諸同盟国の裏切りを猛烈に非難して、一八〇〇年に全軍を戦争から撤退させ、オーストリアだけがフランスの反撃と向き合うことになった。ロシア皇帝《ツァーリ》は、しばらくのあいだ、イギリスを混乱に陥れる手段を探した。彼は、デンマーク、スウェーデン、プロイセンと武装中立同盟を結成した。これは、（英国海軍の補給に必要不可欠であった）バルト海におけるイギリスの貿易を標的として、ナポレオンが促したものであり、彼はアメリカ合衆国も同盟に引き入れたいと望んでいた。一八〇〇年末、パーヴェルは、イギリスとインドを攻撃するために南へ送る、二万二千人のコサック兵を中央アジアで集めた。この遠征計画は不発に終わったものの、十九世紀の「グレート・ゲーム」を告げる、アジアにおけるロシアとイギリスの敵対関係の初めての騒動であった。このときイギリスは初めて、ロシアがインド亜大陸で自国の立場に及ぼす脅威に気づいた。イギリスにとって初となるペルシアとスィンド（今日のパキスタン）への外交使節の派遣は、当初は、ボナパルトがエジプトからインドに向かって陸路で攻撃するかもしれないという一七九八―九九年頃の恐れによって行われたものであったが、イギリスはロシアの南への圧力も予測していたのである。一八〇一年三月、パーヴェルがイギリスの機密情報機関の積極的な支援を受けた（と今ではほとんど明らかになっている）ロシアの宮廷貴族の手で暗殺されたことによって、彼の計画は中断された。彼の息子アレクサンドル一世が即位したが、イギリスのデンマーク――武装中立同盟の前線――に対する報復を阻止することはできなかった。四月、ネルソン提督とパーカー提督麾下のイギリス遠征隊が、デンマーク艦隊をコペンハーゲンで撃破し、バルト海へと航行して他の武装中立同盟の加盟国を降参させた。

ロシアがヨーロッパの戦争から離脱したのは、フランスにとって絶好の機会だった。ボナパルトはアルプス山脈を越えてイタリアに入り、一八〇〇年六月にマレンゴでオーストリアを打ち負かした。ナポリは、一八〇一年三月に戦争で撃破された。ポルトガルは、フランスの同盟国スペインの侵攻を受け、五月に和平を結んだ。オーストリアは一八〇一年二月のリュネヴィル条約で、一七九二年以降フランスが行った全侵略を容認した。イギリスは消耗して孤立し、政権交代が起こって、アミアンの和約へと至る和平交渉を開始した。一八〇二年三月に締結されたこの条約が、フランス革命戦争を終結させた。

第三章　ナポレオン戦争、一八〇三―一八一五年

フランス革命戦争は終結したが、一八〇二年の平和は束の間であった。フランスとイギリスは膠着状態に陥り、オーストリアはイタリアとドイツにおけるフランスの優位に苦しめられ脅え続けており、ロシアは一八〇〇年に撤退していたものの、フランスが再び力をつけたことで、大きな利益に関わる深刻な問題に直面しているということを、いまや強く認識するに至った。プロイセンだけが、一七九五年以降中立の立場を固守していたが、フランスがドイツに押し入ったことで、これも変わった。したがってナポレオン戦争は、一七九〇年代のフランスの強さが炙り出した長期的な国際的緊張、摩擦、敵対関係の、最終的かつ完全な収穫であった。一八〇一―〇二年の諸講和条約は、長期的に持続する平和をもたらさなかった。なぜなら第一に、ナポレオン・ボナパルトが、フランスの覇権に課されたゆるい制限さえも受け入れるのをためらったからであり、第二に、イギリスがアミアンの和約を愚直に履行すれば、ナポレオンだけが条約の取り決めを無視して振舞うことになりかねなかったからである。ヨーロッパにおけるフランスの立場は、まさに畏敬の念を覚えるほどだった。フランス共和国はいまやライン

川に達し、ベルギー、ルクセンブルク、ラインラントを含んでいた。アルプス山脈を越えて拡大していき、一七九三年にニースとサヴォイアを、一七九九年にピエモンテを併合した。さらにその向こうでは、緩衝地帯をなす「姉妹共和国」を支配した。ネーデルラント、スイス、そしてイタリアのリーグレ共和国（ジェノヴァ）とチザルピーナ共和国（ナポレオンがイタリア共和国の名称を変更した）などである。総裁ラ・レヴェリエール＝レポがかつて述べたように、これは「途切れることない連続した領土……優れた兵士の養成所であり、抜群の位置」にあった。

イギリスは、二、三の例外を除いて、喜望峰（オランダ）やマルタ島（聖ヨハネ騎士団）をはじめとする、海外征服で獲得した全植民地を手離さなくてはならなかった。フランスはイギリスにエジプトを譲渡することになっていたが、実際のところ、これはすでに起こっていた。というのも、イギリス軍は、一八〇一年三月にアレクサンドリア近郊に上陸し、六月にカイロを攻略していたのである。イギリスは、フランスのエジプト侵攻の間接的結果として、主に南アジアの領土を獲得した。イギリス東インド会社のインドの本拠地コルカタからすれば、ボナパルトの中東への進軍は、インド襲撃の前段階のように見えた。これは単なる妄想ではなかった。フランスの一連の体制は、七年戦争で支配力が地に落ちて以降、インドにおける影響力を取り戻す方法を模索していたのである。東インド会社の軍隊が、ポンディシェリをはじめとするインド沿岸に残存するフランスの交易所を占領したとき、イギリスは、一七九三年にインド亜大陸に残る最後のフランス領土を一掃した。しかし、フランスがエジプトを攻撃したという知らせや、インド洋のフランス駐屯地であるモーリシャス島の総督がマイソールの支配者ティプーと同盟を組んだという情報を耳にして、イギリスが行動を起こした。英領インド総督リチャード・ウェルズリー（同じくインドで従軍していた、のちのウェリントン公爵アーサー・ウェルズリーの兄）は、イギリスの亜大陸支配の最大の障害の一つであったマイソールの制圧に躍起になっていた。一七九九年五月、イギリスが侵攻して、シュリーランガパトナの要塞に攻め込んだ。ここで、死体の山のなかから銃弾を大量に浴びたティプーの遺体が発見された。東インド会社は、競合相手がいなかったわけではないものの、いまやインドにおいて卓越した力を誇っていた。

しかし他方で、イギリスの消極的態度が国の消耗を映し出していた。イギリスの強硬な保守派のなかに抗議の声をあげる者がいたとはいえ、世論は十年ちかくに及ぶ戦争に嫌気が差しており、平和を熱烈に歓迎したのである。さらに、ポール・シュローダーのような外交史家たちが主張するように、アミアンの和約は、イギリス、フランス、ロシアが三大強国であるという現実を認めていた。もし第一に、両側にくすぶり続けた根強い不信がなかったら、第二に、ナポレオン自身の性格が異なって野心を持っていなかったとしたら、アミアンの和約は十カ月以上にわたって維持されたかもしれない。

平和の幻想

ナポレオン戦争の引き金は、フランスとイギリスの容赦ない敵対関係であった。ヨーロッパにおけるイギリスの大きな過失は、和約で定められたマルタ島からの撤退に手間取ったことである。しかし、最も重要な問題は地球規模だった。ナポレオンは、いまだにフランス帝国再興の野望を抱いており、ヨーロッパの平和が彼にその好機をもたらしたのである。スペインは、ミシシッピ川からロッキー山脈まで広がる漏斗状の広大な北アメリカのルイジアナ領を、ニューオーリンズ岬とともに同盟国フランスに割譲した。ナポレオンはこの思いがけない獲得を南北アメリカ大陸における帝国再建の好機と捉えた。ルイジアナはハイチへの供給源になると考えられた。ハイチは、実質的にはトゥサン・ルヴェルチュールのもとで独立していたが、ナポレオンはフランス領として取り戻したかったのである。一八〇一年後半、シャルル・ルクレール将軍麾下の遠征隊七千人がトゥサンの体制を滅ぼすために出航した。ナポレオンは、一八〇二年に奴隷制の復活という大きな決断をしたが、ハイチ人は十年間の闘争で血を流した後であったにもかかわらず、気骨のある抵抗を見せた。フランス軍は、最終的に八万人を投入してトゥサンを捕らえ、彼はジュラ山脈の凍てつくジュー要塞で一八〇三年に命を落とした。しかし、依然としてハイチ人が優勢であった。軍事遠征と黄熱病という致命的な組み合わせによって、フランス軍が壊滅的被害を受けたのである。一八〇四年の元日、トゥサンの後継者ジャン゠ジャック・デサリーヌが、ハイチの独立を宣言した。

この時点で、すでにヨーロッパで戦争が勃発しており、ナポレオンは南北アメリカ大陸から離脱する準備ができていた。実際のところ、総裁政府は、ナポレオンが権力を掌握する一七九九年以前に、すでにアメリカ合衆国に和平を打診していたのだが、一八〇〇年十月、機能していなかった一七七八年締結の仏米同盟を公式に破棄して、モルトフォンテーヌ条約に調印したのは第一統領だった。フランスはアメリカの船舶輸送を尊重する約束をし、アメリカは船舶の損害に対する補償権を放棄した。アメリカ合衆国との平和はすでに約束されたようなものだったが、アミアンの和約による停戦期間の末期に、イギリスとの戦争が視野に入ってくるにつれて、ナポレオンは最も劇的な一歩を踏んだ。一八〇三年五月、ルイジアナをアメリカ合衆国に破格の安値で売却したのである。

ナポレオンは、むしろインドに狙いを定めているという兆候がみられた。アミアンの和約による空白のあいだに、彼はお気に入りの将軍の一人シャルル・ドゥカンをモーリシャス島、ボナパルト島（レユニオン島）、およびアミアンの和約によってフランスに返還されたインド沿岸に点在するフランスの交易所の総督に任命した。ドゥカンは、一八〇三年九月にモーリシャス島に到着してすぐ（フランスが再びイギリスと戦争していることを知らないまま）、マラーターに接触を試みた。マラーターとは、イギリスの覇権に対して唯一かつ最大の挑戦をしていた中央インドのヒンドゥー教の戦士＝諸侯の強大な連合である。彼らはフランス人傭兵を活用しており、なかでもペロン将軍は、インド人とヨーロッパ人からなる三万人の兵士を率いていて、マラーターの盟主シンディアへの奉仕によって、デリー近くのアリーガルの領地を与えられた。ドゥカンは、マラーターの指導者たちとペロンの両方に接触し、イギリスと戦うように促したが、ペロンは革命家ではなく、出世欲に取り憑かれた傭兵だった。とはいえリチャード・ウェルズリーにとって、アリーガルは、「ジャムナ［川］岸に……建設されたフランスの一部」にほかならなかった。

イギリスは再び先制攻撃で応じた。ペロンの軍隊は、一八〇三年八月にアリーガルが攻め込まれると降参し、張り子の虎だとわかった。しかし、他の場所では、マラーターが粘り強く抵抗し、堅固な要塞による防御と、彼らが得意とする機動戦で軽騎兵による攻撃を駆使した。彼らはまた抜群の破壊力を誇る大砲を用いていた（砲兵はポルトガル人傭兵によって訓練された）。アーサー・ウェルズリーが一八〇三年九月にアッサイェの戦いで勝利を収めたとき、ワーテルローの戦いに至るまでに彼自身が参加したどの戦闘にも釣り合わないほど多くの命を失っている。翌年、イギリスはそれまでで最悪の軍事的大損害をインドで被った。マラーターの指導者の一人ホールカルに対して展開された軍が、七月の中央インドでモンスーンの雨にあい、マラーターの騎兵に大敗北を喫したのである。戦争は一八〇五年春に立ち消えになるまで長引いた。東インド会社は財源が尽き、ロンドンの取締役たちはリチャード・ウェルズリーを呼び戻した。彼は八月にインドを去った。しかし依然として、インドにおけるフランスの希望は芽を摘まれていた。

アミアンの和約による停戦のあいだ、これらのヨーロッパの外部で生じた紛争によって英仏関係がくすぶっていたが、他のヨーロッパ諸国はナポレオンに深い懸念を抱いていた。彼はフランスの部隊を姉妹共和国から撤退させるという履行義務を平然と破った。それどころか、彼はイタリア共和国の元首となり、スイス（ヘルヴェティア）共和国の「調停者」に就任したのである。さらに、ラインラント喪失の事実上の領土補塡を指示して、一八〇三年にドイツにフランスの影響力をうねりこませるべく画策した。このときに「陪臣化」が起こっており、いくつかのドイツ領邦がより小さな公領を吸収した。溢れんばかりの乱立状態にあったドイツの三百六十五の領邦は、四十に減少した。ナポレオンの目的はバーデンやバイエルンのような領邦の強大化にあり、彼はこれらの領邦がフランスの保護を受け、プロイセンやオーストリアに対してフランスの同盟国のように振舞うだろうと見積もっていた。

一八〇三年五月、イギリスの宣戦布告によってついに火蓋が切られた。ナポレオンは、イギリスを直接攻撃する手段をほとんど持っていなかった。彼は、イギリス海峡沿岸に強力な侵略軍を築いたが、その他の初動はほぼ確実に列強の反感を買うものだった。国王ジョージ三世がハノーファー選帝侯だったので、ナポレオンはこのドイツ領邦に部隊を派遣して、迂闊にも神聖ローマ帝国の保証人である皇帝《ツァーリ》アレクサンドル一世を怒らせた。アレクサンドル一世は、フランスのバーデン領邦襲撃にも激怒した。バーデンでは、フランス王党派の指導者アンギャン公が捕らえられ、フランスに連れ戻されて、ヴァンセンヌ城の濠のなかで銃殺されたのである。だが、ロシア皇帝《ツァーリ》は躊躇した。自由主義に傾倒する若き統治者は、ナポレオンに対してある種の敬服の念を募らせていたのである。また、サンクトペテルブルクの宮廷には、ロシアのアジア進出に最初に立ちはだかる海の支配者イギリス帝国こそ、ロシアの戦略的利益に対するもっと大きな脅威だとみなす者がいた。しかし、きっかけは一八〇四年十二月にナポレオンが自らフランス人の皇帝として戴冠したときに訪れた。アレクサンドルにとって、将軍ナポレオンはいまや簒奪者になったのである。アレクサンドルは、一八〇五年四月にイギリスとの正式な同盟に調印した。オーストリアは、いまだ先の戦争から回復途上で深刻な経済状況にあったけれども、ナポレオンが彼の「イタリア共和国」を王国にして、継子ウジェーヌ・ド・ボアルネをミラノで副王に据え、さらにジェノヴァ併合によってフランスの直接支配がイタリアまで延びたとき、この同盟（第三次対仏大同盟）に加わった。

トラファルガル海戦から半島戦争へ

一八〇三年から一八〇九年にかけて行われた第三次、第四次、第五次対仏大同盟戦争は、劇的で大量の血が流れたが、いずれも単に三つの覇権国家の立場を強める結果となった。一八〇五年十月二十一日、フランスとスペインの艦隊がトラファルガル岬の沖合でネルソン麾下のイギリス艦隊に撃破されたが（ネルソンはこの戦いで死亡）、それ以前にナポレオンはオーストリアとロシアと対決すべく、すでに内陸に向かっていた。フランス大陸軍《グランド・アルメ》は、ドイツを驚くべき速さで通過した後、トラファルガル海戦の前日に、バイエルンのウルムでオーストリア軍を捕らえ、東に向かって十一月にウィーンを占領し、それから北に方向転換して、十二月二日に今日のチェコに位置するアウステルリッツで強力なロシア・オーストリア軍と対決した。ここで大陸軍《グランド・アルメ》が最大の軍事的成功を収めたのだが、ナポレオンの一団が大同盟軍を分裂させて徹底的に打ち負かしたのが功を奏したと考えられている。ロシア軍は再集結して撤退し、オーストリア軍は散り散りになって、プレスブルクで講和条約に調印した。これによって、オーストリアは多額の賠償金を支払い、ヴェネチアを含むすべてのイタリア領土を割譲した。一月までに、イギリスとロシアが南イタリアから追い出され、ナポレオンの兄ジョゼフがナポリ王位に就いた。一八〇八年に、派手で獰猛な元帥ジョアシャン・ミュラが彼の後を継いでいる。一八〇六年には、バタヴィア共和国がオランダ王国に改造され、ナポレオンの弟ルイが王位に就いた。

同年、フランス人の皇帝は、ライン川流域の連邦「ライン同盟」の結成を宣言した。西ドイツおよび中央ドイツの領邦がいまや瀕死状態の神聖ローマ帝国から引き離され、哀れなオーストリア皇帝フランツは解体を宣言することしかできなかった。千年の歴史が一筆で幕を下ろしたのである。ライン同盟の「保護者」の役割を引き受けたナポレオンの狙いは、フランスの影響力をドイツ中心部にまで押し付けることによって、フランス同盟国のブロックを作ることにあった。これに揺さぶられたプロイセンは中立の立場を放棄し、イギリス、ロシアと同盟を結ぶことで第四次対仏大同盟を結成した。ベルリンでは、プロイセンの騎兵隊将校たちがフランスの使節団の来訪に備えて剣を研いでいたが、このような自信は甚だ見当違いだった。彼らは、ロシアが大挙してやってくるのを待つことなく、ザクセンでナポレオンを襲撃し、十月にフランス軍と衝突した。そしてナポレオンがイエナ郊外でプロイセンに深手を負わせていたとき、ルイ・ダヴー元帥率いるたった一つの部隊が、アウエルシュテット近郊でプロイセン軍本体を撃退し、敗走させたのである。プロイセンの抵抗は、この二重の敗北に衝撃を受けて崩壊し、フランスの部隊がベルリンのブランデンブルク門を通って行進した。彼らはまっすぐポーランドまで闊歩し、ロシアの支配に対するポーランド蜂起を引き起こした。なかにはイタリア戦役以来ナポレオンと行動をともにする者もいたが、国を失った三万のポーランド人の軍隊は、十一月に勝ち誇ってワルシャワに入った。

　ナポレオンの東方への進軍によって、ロシアのもう一つの敵、オスマン帝国が再び希望を抱いた。ナポレオンに大いに勇気づけられたのである。一八〇四年、バルカン半島におけるオスマン帝国のセルビア系臣民のあいだで蜂起が起こった。当初は、皇帝直属のエリート軍事階級《イェニチェリ》による専横を標的としていただけだったが、蜂起は事実上の独立戦争へと発展していった。ナポレオンは、ロシアに対するトルコの支援を取り付けてセルビア蜂起を糾弾し、トルコはフランスのアウステルリッツの勝利を耳にして、ロシアに対して（黒海とエーゲ海を結ぶ）ボスフォラス海峡を通行止めにすることで報復した。ロシアとトルコの関係は一八〇六年に悪化していき、フランスがオスマン帝国のクリミア再征服に対する支援をほのめかしたこともあって、オスマン帝国皇帝《スルタン》は十二月にロシアに宣戦布告した。戦争は一八一二年まで続き、バルカン半島やカフカースに、民族浄化、戦争捕虜の殺戮、民間人の虐殺という、とてつもない恐怖をもたらした。

このあいだ、ナポレオンは北方を攻撃していた。一八〇七年二月、フランスとロシアは、ポーランドのアイラウで衝突した。ぞっとするような大虐殺のあと、雪に覆われた土地は血で赤く染まり、ロシアは整然と退却した。アイラウの戦いは、いつもフランスの勝利として描写されるけれども、本当に重要な点はロシアがナポレオンの猛攻撃に耐える能力を示したことにある。この戦いは、二つの強大な帝国の衝突であり、ナポレオンは後にこの特別な敵から受ける不屈の敵対を事前に体験したのだった。

六月にナポレオンは再びロシアを攻撃し、この時はフリートラントで決定的に撃破して、皇帝《ツァーリ》アレクサンドルに講和を乞うよう説得した。ロシアは軍事的には敗れたが、政治的には打ちのめされておらず、いつものように乱暴に対処できる国ではなかった。一八〇七年七月、二人の皇帝の交渉はティルジットのネマン川に浮かんだ筏の上で開始され、件の大問題を議論するのにふさわしい光景だった。ティルジット条約は、ヨーロッパをフランスとロシアの勢力圏に分割し、協力してイギリスを排除しようとするものであった。ロシアは、さらなるポーランド領土を（プロイセンから割譲して）併合し、また秘密条項によって、アレクサンドルがフィンランドを侵略してスウェーデンの支配から強奪する同意がなされた（彼は、一八〇八―〇九年の戦争で決められた通りに実行している）。アレクサンドルは、見返りとしてイギリスの通商を標的とする大陸封鎖に参加した。このように、ロシアはフランスのヨーロッパ支配におけるパートナーとなったのである。敗北し荒廃したプロイセンは、過酷な扱いを受けた。領土は解体され、巨額の賠償金を支払うこと、フランス占領軍によるベルリン街路の巡回を財政的に支援すること、自国の軍隊を小規模な四万二千人に減らすことを余儀なくされた。ナポレオンは、ワルシャワ公国という形で、ポーランドをほとんど分割以前の形に復活させた。すべてプロイセンから奪いとった領土である。その支配者は、ナポレオンの同盟者となることを期待されたザクセン王フリードリヒ・アウグストであった。

しかしながら、ナポレオンの永遠の頭痛の種は、最も粘り強い敵イギリスをどのように打ち負かすかということだった。ナポレオンは、ヨーロッパの輸出市場を奪うことによって、イギリスの経済体制・財政システムを圧迫できると考えており、一八〇六年十一月のベルリン勅令以降、すべての被征服国、衛星国、同盟国に、イギリスの船舶輸送に対して港を閉じるよう強制した。ロシアの「大陸システム」への参入は、特に深刻な問題だった。なぜなら、バルト海からイギリスへの船舶用品と穀物の供給を危機に陥れたからである。それゆえ英国海軍は、イギリスがバルト海へ入るのを完全に禁止する封鎖に、デンマークが参加するのを阻止すべく素早く行動に移った。イギリスはコペンハーゲンを砲撃し（大量の民間人の命が失われた）、一八〇七年八月にデンマーク艦隊を捕らえた。

ナポレオンの封鎖には、もう一つ大きな欠陥があった。ポルトガルである。デンマークが猛攻を受けていたとき、フランスはイギリスの船舶に対してすべての港を閉ざすようポルトガルに警告した。しかしポルトガルの経済は、イギリスの通商と緊密に結びついており、これに従うことはできなかった。当然激しい報復がなされ、フランスとスペインの軍隊が十一月に侵攻して、ポルトガルの摂政ジョアン王子をブラジルへ流刑に処した。だが、スペイン北部を横断する補給線に沿って、フランス部隊が存在感を増していき、スペイン側との軋轢が生じ始めた。名目上の同盟国であるフランスの軍隊が占領軍のように見え始めたのである。実際、彼らは当時手中に収めていたこの国の要塞を手放そうとしないように思われた。この不安定な状況は、トラファルガル海戦以降なかなか消えない敗北の気配とともに、フランスとの同盟の不人気な立案者であった、カルロス四世の宰相マヌエル・デ・ゴドイに跳ね返った。一八〇八年三月、彼の敵対者が冬の王宮があるアランフエスで蜂起を起こしてゴドイを捕らえカルロスを強制的に退位させて、より保守的であるが人気のある息子フェルナンド七世へ譲位させた。両者とも、自分の立場を助けることのできる支配者から認められようと慌てた。ナポレオンである。

フランス皇帝は四月にバイヨンヌで分裂したスペインの王家に会うことに合意したが、厚顔無恥なクーデタで王族を投獄し、スペイン王位を兄ジョゼフに与えた。

ほとんどすぐに反応があった。一八〇八年五月二日、フェルナンドの支持者がマドリードで起こした蜂起は、フランスが五百人のスペイン人を殺害して鎮圧したが、反乱は地方にまで広がりを見せ、地方評議会《フンタ》が各地の抵抗を指導して、最終的には最高評議会《フンタ・スプレマ》をセヴィリャに発足させた。フランスが同市を占領した一八一〇年以降はカディスに移り、そこでコルテスという議会が開かれ、一八一二年にスペイン帝国の自由主義的な憲法を発布した。一八〇八年に、いくつかの最も熾烈な争いがサラゴサで起こり、スペインの闘士たちは屋上に登って、フランス部隊に銃撃を浴びせた。ポルトガルも同様に蜂起して、ジョアン王子に対する忠誠を宣言し、地方からフランス人を追い払った。ポルトガルの蜂起の重要性は、イギリスがフランスに対してヨーロッパ戦線を展開する可能性を開いたことにある。アーサー・ウェルズリー麾下のイギリス軍は八月に上陸し、ポルトガル軍と連携してジュノ司令官を打ち破った。ジュノはスペインに撤退し、スペインでは蜂起がゲリラ戦へと発展していった。この「スペインの潰瘍」(ナポレオンがこう呼んだ)により戦力を削がれつつあったフランス軍は、一八一〇年に反撃して、(いまやウェリントン公爵となった)ウェルズリーを、リスボンを守る堅固なトレス・ヴェドラス要塞へと退却に追い込んだ。イギリスとポルトガルは一八一一年三月まで持ちこたえたが、この時までに、フランス軍は病気と補給不足によって大損害を被っていた。フランス軍は撤退し、一八一二年七月、ウェリントンが再び進軍してサラマンカでフランスを破り、マドリードを占領した。

世界戦争

イベリア半島の戦争は、世界的な影響を及ぼした。イギリス軍は、ベンガルで採取される硝石で作られる火薬を用いていたので（ベンガルが最大の産出国だった）、モーリシャス島とレユニオン島から展開するフランスの私掠船に脅かされ続けていた、インド洋を横断する航路の安全確保が必要不可欠だった。イギリスは一八一〇年の陸軍と海軍の両方を動員する一連の軍事行動で二つの島を占領してこれを達成し、インド支配を強化した。

また半島戦争は、急を要する状況を生み出した。スペイン帝国のラテンアメリカで、独立の機運が高まったのである。もちろん、それとは異なるアメリカ大陸の要因もあり、植民地社会の発展、大陸アメリカ人としてのアイデンティティの誕生、スペインの帝国支配に対する強い不満など、大きな波を生み出した。しかし、一八〇八年にスペインが危機に陥るまで、大部分のラテンアメリカ人は、一致団結して自由を求めようとは考えていなかった。スペインの危機がもたらしたラテンアメリカを奮い立たせるような衝撃を覚えていたのは、アルゼンチンの革命指導者として台頭することになる、あのマヌエル・ベルグラーノである。彼は、ホーム・ポパム代将率いるイギリスの攻撃に対して戦った。ポパムは、一八〇六年一月にナポレオンの同盟国オランダから喜望峰を再攻略して勢いづき、大西洋を渡って独断の任務でモンテヴィデオとブエノスアイレスを占領した。ベルグラーノは、一八〇七年に植民地の民兵隊を率いて侵略軍を撃退した。捕らわれたイギリス人将校は、アルゼンチン人がとても首尾良く戦ったので、彼らは政治的に独立しようと考えていたかもしれないと述べている。ベルグラーノ自身は、この国は、そのような大胆な一歩を踏み出す準備がまったくできていないと答えていたが、後に次のように記している。

人間の計算などどんなものだ！　一年が過ぎてみれば、見よ、我々が独立に向けて何らの努力をすることも一切なく、神みずからが一八〇八年のスペインとバイヨンヌの出来事で好機を与えてくださった。自由と独立の理想がアメリカに生命を宿して、アメリカの人々が自分の権利について初めて公に口を開き始めたのだ。

スペインでの戦争は、一八一〇年にフランス人が自分たちの権威を全国にほぼ植え付けたとき、宗主国と植民地の政治的関係をほとんど完全に引き裂いた。その年、最初の蜂起がアルゼンチン、メキシコ、ベネズエラで起こった（そこでは、シモン・ボリバルとフランシスコ・デ・ミランダが革命を導いた。後者は、一七九二―九三年にフランス軍に従軍し、恐怖政治期に投獄された人物である)。ラテンアメリカの独立戦争は、その後二十年間にわたって、情け容赦なく猛威を振るうことになる。

以上のように、イギリスの通商に対してヨーロッパを封鎖するというナポレオンの試みは、世界を変える衝撃をもたらした。これはラテンアメリカにとどまらない。大陸封鎖は、フランスとアメリカ合衆国のあいだに軋轢をもたらしたが、イギリスの対応はより一層苛だたしいものだった。イギリスは、ナポレオン帝国と取引をしているという嫌疑をかけた中立の船舶輸送を停止させ、アメリカの船舶のなかを捜索したのである。もっとひどいことに、戦争が長引くにつれて、イギリス海軍が損傷を受けて人員が手薄になり、合衆国の商船を強制的に停止させる過程で、イギリス人脱走兵だと疑われる船員を殺害した。

したがって、一七九〇年代にイギリスとアメリカ合衆国を武力衝突寸前のところまで近づけた海軍の苛立ちが、一八一二年には実際に戦争を引き起こしたのである。今回の違いは、アメリカが頑なに抵抗を維持しようと決意したことにあった。アメリカは、イギリスによる海上での略奪行為に貿易戦争で対抗したものの、これは合衆国の東海岸地域を経済的窮地に陥れただけだった。イギリスは、ラテンアメリカ独立の試みがもたらした商業的好機を享受するのに忙しく、ほとんど影響を受けなかったのである。それゆえにアメリカは、公然と征服を狙っていたカナダにあるイギリス植民地への攻撃に転じた。このように、一八一二年の戦争は両陣営の非妥協的な姿勢によって勃発したのである。アメリカは、海上におけるもっともな不満を晴らそうとするだけではなく、領土拡大を狙っていたのであり、一方のイギリスは、中立の船舶輸送に対して厳しく対処したのである。両国に等しく戦争責任があるように、両国がともに戦禍を被った。一八一二年のアメリカによるカナダ侵略は大失敗であったし、ワシントンDCがイギリスに攻略され炎に包まれた。とはいえ、アメリカはエリー湖における重要な戦いで海軍が勝利を収め、イギリス側のアメリカ先住民の同盟を打ち負かして（精神的指導者タカムセを殺害した）、一八一五年一月に——両国間の講和の知らせが戦場に届くまえに——ニューオーリンズを占領しようというイギリスの試みを跳ね退けたのである。

フランス帝国の敗北

ヨーロッパでは、イベリア半島の戦争が、より大規模な抗争である第五次対仏大同盟戦争と結びついた。第五次同盟は、スペインの抵抗運動に触発されたという側面を持っている。オーストリアはパトリオティズムの再燃に担がれて、ナポレオンに対して軍を動員した。ウィーン近郊のアスペルン＝エスリンクとヴァグラムで衝突に至り、一八〇九年七月にカール大公麾下のハプスブルク軍が敗北を喫した。直接的結果は、オーストリアにとって、またもや屈辱的なものだった。すなわち、十月のシェーンブルン条約で、オーストリアはイリュリア地方（スロヴェニア・クロアチア）を失ったのである。この地方はパリの直接支配を受けることになった。オーストリアが不当な手段で獲得したポーランド分割の分け前は、ワルシャワ公国とロシアのあいだで分割され、オーストリアは賠償金を支払い、兵士を十五万人に削減しなくてはならなかった。ナポレオンは、強制的に結ばせたオーストリアとフランスの同盟関係を強化するために、またナポレオン帝国にある程度の王朝の威厳を付与するために、ハプスブルク家に皇女マリ・ルイズを引き渡させるまでして、一八一〇年に彼女と結婚した。

しかし、チャールズ・エスデイルが主張するように、第五次同盟の解消はナポレオンの勝利のように見えるけれども、軍事バランスが彼に不利に傾いているという、一目でわかるわけではないもののかなり深刻な兆候が見られた。オーストリアは、フランス側に五万人もの死傷者をもたらしたのである。経験豊富な下士官、軍将校、将軍までをも含む果てしない死亡者数に、ナポレオンが戦場で始めた新しい戦い方が表れている。フランス軍はまさに柔軟な編制で有名だったのに、戦術はますます編制の柔軟さを失っていき、大急ぎで新兵をかき集めて戦争という大釜に放り込む大規模な正面攻撃にますます依存するようになった。フランスの戦術は、最初から多くの命の犠牲をともなっていたが、一八〇九年以降、ナポレオン側の死傷者はさらに一層驚愕的な数になった。

これが最も如実に表れたのは、一八一二年の破滅へと至るロシア戦役である。フランスとロシアの申し合わせは常に脆いものであったが、ヨーロッパで自分の権威を確固たるものにしようというナポレオンの努力によって、最終的に崩壊した。一八一〇年、ナポレオンはネーデルラントと北東ドイツをフランス帝国に併合した。ヨーロッパの海をもっと直接支配し、大陸封鎖を強化して、イギリスに立ち向かうことのできる海軍を再建するという企てを加速させるためである。しかし、この過程でロシア皇帝《ツァーリ》の義理の弟がオルデンブルク公国から退位させられた。またアレクサンドルは、ナポレオンがポーランドの完全な再建を計画しているのではないかと疑った。ポーランドは、特にオスマン帝国と同盟したとき、ロシアの安全保障を脅かす可能性があったのである（一八〇六年以降、オスマン帝国はロシアと戦争状態にあったが、一八一二年五月の際どい時期に講和が結ばれた）。ロシア経済は大陸システムの損害を被り、地主貴族たちが皇帝《ツァーリ》に対する圧力を強めつつあった。というのも地主貴族の繁栄は、イギリスへの穀物輸出に依拠していたのである。アレクサンドルは、ナポレオン帝国からの輸入品に高い関税をかけることによって対抗した。これは宣戦布告ではないけれども、ティルジット条約が打ち立てた体制の大崩壊を表していた。

　ナポレオンは、五十万人ちかくの膨大な軍隊を結集し、一八一二年六月二十四日にロシアに侵攻した。しかしロシアは、ナポレオンが短期決戦で敵を破壊し尽くす作戦に依存していることを長きにわたって学んでいた。皇帝《ツァーリ》の助言者の一人が、ロシアは「敵が期待している正反対の戦争を計画し、追求しなくてはならない」と書いているのは、まさにこの理由からである。そして、ロシアの戦略が功を奏した。ナポレオンの大陸軍《グランド・アルメ》の主力――三十七万五千人――は、息がつまるような砂埃と息苦しい夏の暑さのなか、資源のない森や、侵略者に何も与えまいと焼き尽くされて焦土となった村を進んだこともあり、兵の脱走や病気が相次ぎ、そして危険なほどに伸びきった輸送路を守るために兵士を置いておく必要から、兵力を消耗した。しかし、ロシアの老練な司令官ミハイル・クトゥーゾフが認めるように、政治的な理由から、本格的な抵抗をせずにモスクワを明け渡すことはできなかった。

レフ・トルストイが鮮明に描いたように、九月にボロディノで大殺戮が起こった。ロシア人はモスクワに通じる道に立ちふさがり、一日の大半を砲弾を浴びるのに耐えて過ごした（これはあまりにもひどい生活だったので、将校たちは、ロシア軍の左翼にフランスの騎兵隊が突撃してきたとき、ようやく解放されると喜んだと回想している）。ロシア軍は、最終的に兵力を消耗したものの致命傷を負うことなく撤退し、モスクワを通って南で再集結した。

ナポレオンは、一カ月しかクレムリンで過ごすことはなかった。というのも、おそらく冷酷なモスクワ総督フョードル・ロストプチン伯爵がけしかけたのだろうが、愛国的なロシア人たちが周辺の街を徹底的に焼いていたのである。十月、早くも訪れた肌を刺すようなロシアの冬に、大損害をもたらすフランスの撤退が始まった。ロシアも主に補給の問題で苦しんだが、フランス軍が氷点下の気温のなかをよろめきながら歩き、凍死していくなかで、クトゥーゾフは背後から圧力を加え続け、コサック兵がフランス軍を執拗に攻撃し、狙い撃ちした（図4を参照）。ナポレオンの主な侵略軍のうち逃げきったのは二万人だけだった。

大敗北は転機となった。東方でナポレオン軍が壊滅したのである。また、ナポレオンは深刻

図4　この版画は、1812年のモスクワからの退却にともなう消耗、苦難、蛮行をうまく描いている。前景では、凍えた男たちが、生きたまま服を剝ぎ取られ、盗まれており、肉を得るために馬が捌かれている。

な人員損失を立て直すことができたものの、膨大な数の軍馬の損失をまったく補うことができなかった。さらに、ロシアの勝利とスペインの抵抗によって、他の西欧諸国が奮い立った。イエナとティルジットの屈辱以来沸き立っていたプロイセンは、一八一三年春のロシアのポーランド侵略を機に、ナポレオンに対して立ち上がった。六月までに、イギリス、スペイン、ポルトガル、ロシア、プロイセン、スウェーデンが第六次対仏大同盟に加わった。オーストリアはロシアの意図を疑っていたが、ナポレオンがオーストリアの外務大臣クレメンス・フォン・メッテルニヒの接触をはねのけたことで、ようやく参加を決めた。フランスがザクセンに撤退すると、大同盟軍はライプツィヒに集結し、そこで三日間にわたる壮大な「諸国民の戦い」が行われ、十万人にのぼるとされるフランス人が命を落とした。特に恐ろしい話では、ナポレオンの兵士たちがまだその上を通って撤退していたときに橋が爆破されたと伝わっている。ドイツにおけるフランスの影響力は、いまや急速に崩壊していった。ナポレオンはライン川に十万人の兵士を連れて到着したが、彼らはチフスによって衰弱していた。

ナポレオン帝国は、一国また一国と大同盟側に移っていくにつれて崩壊した。いまだナポリ王であったミュラのみが、従来の主君に忠実であり続けた。スウェーデン――いまや、かつてのナポレオンの元帥の一人ベルナドットが統治している――は、一八一三年十二月から一八一四年一月にかけて、フランスの同盟国デンマークを占領することで、フランスの仕打ちに報いた。一八一三年六月、ウェリントンがスペインのヴィトリアでフランスを打ち負かし、一八一四年初頭に南フランスに侵攻すると挟撃が迫ってきた。北方では、大同盟軍がフランスの国境を越えて侵入した。三月の時点で、ロシアとプロイセンの銃声がパリに響き渡っていた。まさに市門で戦闘が起こったのである。四月二日、元老院がナポレオンから寝返って、ふくよかな体つきのルイ十八世を戴くブルボン王政の再建を宣言した。二日後にナポレオンが退位し、安穏な追放生活を送るべくトスカーナのエルバ島に向けて出航した。だが、彼は平穏な隠居生活を楽しむような男ではなかった。一八一五年二月、彼は密かにフランスに戻り、道中で支援者を集めながらパリへ向かった。三月、ナポレオンが首都に到着すると、国王は逃亡した。

この最後の「百日天下」はドラマのような内容だが、ヨーロッパの反応こそが重要である。外交家たちはすでにウィーンに集まって、今回こそ平和を確実に持続させるために、緊迫を孕みながらも画期をもたらす交渉を始めた。彼らは自分たちの任務から逸れて、ナポレオンを法の外に置くと宣言し、それから本来の目的に移った。しばらくのあいだ、現地ではウェリントンがベルギーでイギリス軍とオランダ軍を束ねた。一八一五年六月十八日、最後の衝突がブリュッセルの南のワーテルローの湿地で起こった。プロイセンの到着によって、大同盟の決定的な勝利が確実になった。ナポレオンの軍隊は粉砕され、彼はすぐに捕らえられた。ナポレオンは、イギリスの情けによって、ヨーロッパのはるか彼方にあるセント・ヘレナ島へ追放された。

第四章　総力戦、革命戦争

これより我々の敵が共和国の領土から追い払われるまで、すべてのフランス人は、軍の労役に無期限に徴用される。若者は戦いに行き、既婚男性は武器を造り、食糧を運搬する。女性はテントや衣服を作り、病院で勤務する。子供たちは古布で包帯を作る。老人は公共広場に赴いて兵士たちを鼓舞し、国王への憎悪と共和国の一体性を説く。

一七九三年八月二十三日に国民公会が発した国民総動員令は、「国民皆兵」の理念を完全に表している。ある革命家が一七八九年に端的に述べているように、「全市民が兵士であり、全兵士が市民であるべきだ」という理念である。通常、国民総動員令は、十八世紀の制限された戦争から革命戦争への移行を示すものとして取り上げられる。革命戦争とは、イデオロギーに駆り立てられた市民たちがフランス革命の理念のために集結し、ヨーロッパの旧体制国家の軍隊に打ち勝った戦争である。プロイセンの軍人で軍事理論家のカール・フォン・クラウゼヴィッツは次のように記している。「戦争は再びすぐさま人民が担うもの、三千万人にのぼる人民が担うものになって、一人ひとりが一国の市民だと自覚した……今後は用いられる手段に……まったく制約がなくなり……結果的に、敵にとっての危険が極度に高まった」。しかし後世の歴史家たちは、イデオロギーの関与、戦場の技術革新、革命国家がフランス社会に深く根を下ろす能力といった観点から、一八一二年に至るフランスの台頭の秘訣が、どれほど人民の動員にあるのかについて考えてきた。

　ナショナル・アイデンティティとナショナリズムの両方が、かなりはっきりと感じられるようになっていた。これらは、一七八九年に先立つ数十年間に醸成され、革命期にまさしく沸き立った。フランス革命のナショナリズムは、正統な政府はフランス国民からのみ生じるという考えに基づいており（だからこそ、ナポレオンはフランスの皇帝ではなく「フランス人の皇帝」として自分を戴冠したのである）、一連の体制は人民のパトリオティズムを活性化させるために手を尽くした。体制はこの過程で、とりわけ一七九二年から九四年の深刻な数年間に、大勢の人民をとてつもなく大きな戦争努力へと動員した。戦争が激化するにつれて、フランスの敵のなかにも似たような現象が見られ、こうした努力がフランス市民の精神にある程度の影響を及ぼしたのは確かである。革命家にしてフェミニストであったテロワーニュ・ド・メリクールは、ベルトにピストルを挟んで国民公会の前に現れ、フランス人女性たちが戦争で戦うために「アマゾネス軍団」を結成する権利を承認するよう求めた。女性たちに政治的権利が与えられていない状況のなかで、祖国《パトリ》のために戦う意志を示すことは、完全な市民権を要求する手段であった。男性市民も女性市民も、戦争遂行のために「愛国寄付」を募り、国民公会へと送った。危機に際して国家のために華美な装いをやめた古代ローマの女性たちの献身を意識的に模倣して、女性たちが宝飾品を寄贈するという事例も見られた。

国民総動員令は、軍隊に男性を徴兵するだけではなく、何千人もの労働者や職人を武器や兵器の製造拡大のために徴用して、国の資源を頑として総動員した。パリのリュクサンブール公園は、小火器を製造する屋外作業場へと変えられて、金槌と鞴《ふいご》の音が鳴り響いた。貴族の邸宅、修道院、さらにはセーヌ川に繋がれた舟までもが製造場に変えられた。これらの精力的な取り組みによって、五千人のパリの職人たちは、一年間で十四万五千丁のマスケット銃を製造し、一つの工場が一日に三万ポンドの火薬を製造した。大規模徴兵、労働動員、手段を選ばない資源の活用を通して、戦争遂行努力がフランス社会の奥深くにまで達したという点で、これは単なる「総力戦《トータル・ウォー》」ではなく、人民戦争でもあった。

このような人民動員の努力は、軍隊にまで広がった。文民当局は、徴集兵がパトリオティズムによって駆り立てられ、祖国《パトリ》が自分たちの献身に栄誉を授けてくれるという確信が持てるように手を尽くした。兵士は自分たちが市民であり、単なる駒ではないことに気づかされた。革命政府は兵士には投票権があると強調し、出征前夜には役所が晩餐会でもてなし、兵士たちがどのようにして、彼らが守っているまさにその地域社会の支援を受けるかについて演説したのである。彼らには、退役時あるいは戦傷時の年金が約束され、家族が稼ぎ手を失った時に支援を受けられることが保証された。

しかし、兵士が実際にどれほどイデオロギー的な熱狂に駆り立てられたのかというのは、はっきりしない問題である。動機というのは、特につかみどころのないもので、測るのが難しいのだ。例えば、怯えた若い徴集兵が実際どれほど熱心に国民の感謝を語る地方の政治家たちに耳を傾けていたのかが問われなくてはならない（図5を参照）。とはいえ、フランス人兵士たちの私的書簡は、幾人かの兵士が市民であることやパトリオティズムの強い意識によって動機づけられていたことを示唆している。これらの手紙は、決して書き手が公開されることを意図していたわけではないので偽りのないものであろう。ある若い小作人の兵士は家族に宛てて、自分の命はいまや国民のものだと述べている。「あなたは、私が栄光に包まれて帰ってくるのを目にするか、もしくは……自国の防衛のためにどのように死ぬべきかを知っている息子を持つことになる」。別の兵士は、一七九三年冬に敵の脱走兵たちがフランス陣営にやって来るのを見たとき、革命の解放の理念を信じていた。「彼らは一面が凍った川を渡ってきた。なぜなら、彼らはもはや奴隷であることを容認せず、自由を欲したからだ」。彼は、勝利後に兵士たちが、

図5　ボワリの絵は、徴集兵とその家族の相反する感情と複雑な反応を示している。

「私たちの父と、私たちの母と、私たちの兄弟姉妹と、［きわめてフランス流のひねりを効かせて］私たちの愛人たちと」栄誉を分かち持つだろうと付け加えている。

しかし、時は恐怖政治の時期であった。フランスの兵士と民間人は、共和主義の宣伝に浸っており、反革命に敗北すれば恐るべき末路が待っていると繰り返し警告された。恐怖政治は、軍隊が断固として戦えるように厳格な措置をとった。中央政府、ならびに軍隊に対する文民統制をとるためにパリから送られた派遣議員、派遣委員たちは、任務にあまり熱心でないと判断した司令官を躊躇わずに処刑した。これは、兵士たちに強烈な印象を与えただろう。一七九三―九四年には、八十四人の将軍がギロチンにかけられたり、射殺されたりしており、三百五十二人の将軍が解任されている。したがって、これら戦争当初の数年間は例外だった。パトリオティズムは間違いなく重要であったものの、歴史家が閲覧することのできる大部分の手紙は、恐怖、憔悴、失望ばかりを示しているのである。一七九四年六月、徴集兵ピエール・ドラポルトはイーペル近郊でイギリス人と戦うとき、次のように書いている。

私は法にしたがって、大切な祖国［パトリ］を守るために武器を取った。そのために私は、同じように大切な親族や同胞たちのもとを去った……祖国と同胞への義務を果たすなかで、私は、会ったこともなく、危害を加えてきたこともなく、……私たちの大義と同じように自分たちの大義を良きものだと考えている人々を攻撃しに行った。……これらの攻撃では、人はしばしば、両陣営とも、あらゆる人間性を忘れるのだ。

フランス人兵士たちが経験を積んで老練兵となり、プロフェッショナル意識を高めていったのにつれて、革命のナショナリズムは弱まったかもしれない。彼らの忠誠心はますます軍隊それ自体へ、とりわけ彼らを率い、鼓舞する指揮官たちへと移っていったのである。ボナパルトは、この点で突出した人物だった。兵士たちは、いまだにパトリオティズムの意識でフランスに結びついていたかもしれないが、忠誠心は何よりもまず、兵士の職業的誇りと偉大な将軍への献身を通して語られた。ナポレオン戦争が始まるまでに、フランス人は理念的かつ精神的に、一七九三年の市民＝兵士という共和主義の熱意から遠ざかっていたのである。

フランス軍の強さの源の一つは、戦術、編制、兵站にあっただろう。これらは、起源が革命にあるという意味で「革命的」だったと言うことはできない。七年戦争の惨禍に応じて、旧体制期の軍事理論家が編み出したものだった。一七八九年以前に、国王軍は戦略や編制から兵器にいたるまで、ほぼあらゆる段階で実験を行っていた。旧体制期、フランスの参謀将校ピエール・ド・ブルセが、山岳戦における独立した隊列の配置を試し、一七七五年に自身の結論を刊行していたのだが、彼の案が採用され、それぞれが歩兵、騎兵、砲兵を持つ独立した師団へと配置換えがなされた。軍隊は、慣例として補給線の細い道をまとまって行軍していたが、フランス軍の師団はこれを廃止して扇状に展開し、定期的な連絡は維持しながらも、互いに独立して農村地帯を横切ることにした。各師団は、他の師団が素早く戦場に駆けつけるまで、強い敵を寄せ付けない程度に強力でなくてはならなかった。別々の道を進むことによって、フランス軍は素早く、そしてはるかに大人数で行軍することができた。現地調達をしながら進み、最終的には敵軍のもとに集結して敵を滅ぼすのである。革命期にこの構想が採用され、ナポレオンは師団を軍団へと拡大し、各々が元帥によって指揮され、効率的な参謀体制によって統合できるようにした。戦略が功を奏した典型例として、一八〇五年のアウステルリッツの戦いのときに、大陸軍《グランド・アルメ》がドイツを通過して殺到し、衝撃を与えたことが挙げられる。

フランス革命軍は、戦場で旧体制期の他の案を実行に移したことがある。例えば、軽歩兵（猟兵《シャスール》）を斥候として配置し、巧みに活用した。彼らは小規模の派遣隊として放たれ、敵を偵察し、弱点を見つけ、執拗に妨害し、主力が展開すると防護幕になり、マスケット銃の掃射で敵を攪乱させるという役割を果たした（特に一八〇六年のイエナで功を奏した）。軍の主力から遠く離れて動くこの部隊を率いたのは若い将校だったが、広範な自発的主導権を持っており、これは市民＝兵士の理念に基づいて改革されたフランス軍のイデオロギー的な魅力となって、彼らを惹きつけた。

フランス軍は、砲兵隊を柔軟に活用した。砲兵隊は、戦闘に先立って敵陣を砲撃したが、それだけではなく、旧体制期の専門家ジャン＝バティスト・ド・グリボヴァルが導入した、より軽量な砲を用いることによって、移動し、歩兵の攻撃に先立ち敵の弱点に対して集中砲撃を行った。ほとんどの十八世紀の歩兵が、火力を最大限に引き上げるために、一般的に平行な列をなして攻撃したのに対して、フランス革命軍による攻撃は縦隊でなされた。正面が細いものの奥深く、それゆえに火力よりも衝撃を優先し、隊列が次々と突撃するようにした。また歩兵の列は、マスケット銃で側面を守るように配置されており、それゆえにフランスの戦術は、「混合隊形《オルドル・ミクスト》」（縦列と横列を組み合わせた戦術）と呼ばれた。これは旧体制期の別の理論家ジャック・ド・ギベールが一七七二年に定式化したものであるが、一七九一年の軍規で標準的な隊形とされた。ひとたび縦隊が敵を突破すると、騎兵隊が裂け目に大挙して押し寄せ、敵軍を引き裂くのである。

フランスは、これらの戦術を用いることで敵を強く素早く叩くことができ、決定的な戦いで敵軍を破壊し、圧倒的な勝利を収めることができた。これは、「革命的」行動様式と旧体制期の戦争のあいだで戦略が決定的に異なる点だった。十八世紀のプロフェッショナルな軍隊は費用がかかり、戦闘がとても頻繁に起こったので、指揮官たちは大量殺戮をともなう大きな戦闘で人命と物資を無駄にするのではなく、機動戦を戦って敵の兵站線を脅かし、講和を押し付けることを目指した。当時のイギリスの軍事学者ヘンリー・ロイド将軍は、このような戦争では、軍隊は「なるべく戦闘を避けながら、戦争を行う」ので、「幾何学的な精密さ」でもって戦われると述べている。フランス革命家たちもナポレオンも、これとはかなり異なる行動をしたのである。

激しく攻撃的な戦術に必要不可欠なのは、好機が訪れたときに率先して毅然と攻撃する、断固として活発なリーダーシップであった。フランス革命では、さかのぼること一七八九年の改革によって、このリーダーシップが生まれた。ナポレオンは、フランス人兵士は誰もが元帥になる可能性を秘めていると言ったとされるが、もっと平凡な事実も同じくらい印象的である。つまり、全兵士が将校へと昇級できるようにして——一七八九年以前には、昇級は貴族に限られていた——、老練な兵士が、下士官から将校に昇級できるように軍隊を解放したのである。一八〇〇年から一八一四年にかけて大尉の位に達した将校のうち、旧貴族の出自を持つ者は五パーセント未満だった。一七九二年から一八一四年にかけて、フランス軍の将軍二千二百四十八人のうち、少なくとも六十七パーセントが貴族以外の出自だった。一八〇四年のナポレオンの元帥十八人のうち、貴族の血を引いていると主張できたのはわずか五人だけである。ランヌは小作人の出で、オジュロの父は家事使用人であり、一八〇八年から一八一五年にかけてナポリ王だったミュラは宿屋の主人の息子だった。少なくとも軍隊では、「才能に開かれた出世」という革命の原理は神話ではなかったのである。他のヨーロッパの軍隊における昇級の事例も知られていないことはないが、ありふれたものではなかった。ロシアのプレオブラジェンスキー連隊では、戦場で有能さを発揮して将校になった兵士、労働者、小作人の息子は、全将校の六パーセントだけだった。イギリス軍は、数百人の将校を民兵隊に参加した裕福な有閑階級から採用し、その他のやり方では昇級できないような中流階級の若い男性たちが昇級の機会を手にした。イギリス人将校の五パーセントは、勇敢さや長期間の従軍によって下士官から昇級した者であったが、将校職の二十パーセントは依然として購入されており、将校団内部の昇級もしばしば政治的縁故に基づくもので、ジェントリ階級に有利だった。

　リーダーシップは、間違いなくフランスが戦場で勝ち続けるのに必要不可欠な条件であり、これは司令部で最もはっきりと見受けられた。勇気を与え、野心的で、当時の理論家たちが「戦局眼《クー・ドゥイユ》」と呼ぶ、即座にどこを攻撃すべきかを見極める才能を持った指揮官は、ナポレオンだけではなかった。彼らは若く、勇敢さを発揮しようと決意し、前線に立って指揮した。一七九六年から一七九八年にかけてフランスに滞在した、アイルランドの共和主義指導者セオボルド・ウルフ・トーンは、これらの資質について次のように述べている。「もし、ある者がフランスの部隊を指揮しようとするなら、かなり勇敢でなくてはならない。……フランスの将軍は指揮を執るだけでなく、自らの兵士に対して模範を示したのだ。彼らは気高い人物である。これこそが彼らの秘訣だ」。ボナパルトが秀でていたのは、垂範、プロパガンダ、顕彰、懲罰を用いて、兵士に意欲を起こさせた点である。彼は、一七九六年から一七九七年にかけてイタリアで兵士たちと危険を共にしながら、前線に立って指揮した。彼は、たとえ草木のないイタリアの平野をほじくり返すことになっても、確実に自軍に適切な給与が支払われ、補給が届くように尽力した。彼は、勇敢さを認めた者に対して恩賜の軍刀を配った。反対に、義務を怠ったと考える兵士を叱咤した。一七九七年に敵前逃亡した二つの部隊に対して、「兵士たちよ、私は君たちに満足しない。……八十五番部隊と三十九番部隊の兵士たち、君たちは、もはやフランス兵ではない」と声を荒げた。問題を起こした部隊は、名誉挽回する機会を懇願し、次の戦闘でかなり多くの死傷者を出した。

最後に、彼は部隊のなかでも帰国中でも、プロパガンダをうまく使って、天才的指揮官という伝説的人物像を作り上げた。『イタリア方面軍通信』は、現場の兵士やフランスの民間人に無料で配布されており、ボナパルトが多くの記事を書いている。あるまったく慎みのない一句で、彼は自分自身について次のように記している。「彼は勝利を約束し、それを持ち帰った。彼は稲光のごとく俊敏に動き、雷のごとく攻撃した。彼の動作の素早さは、［兵士の］正確さ、慎重さと完全に調和する。彼は至るところに現れる。彼はすべてを見ている。彼は、雲を突き抜ける彗星のように、二つの離れた河岸に同時に現れる」。歴史家デイヴィッド・ベルが示唆するように、これは単なるプロパガンダではない。作り話、指揮官としての技能、本人らしさを絶妙に組み合わせており、これに基づいて個人崇拝を創造したのである。戦闘前夜、彼は、野営地を歩き回って、兵士たちの健康状態を尋ねていき、翌日の戦争に向けて彼らを鼓舞した。アウステルリッツで戦った兵士は、次のように振り返っている。「皇帝の存在は、軍隊に力強い効果をもたらした。全員が彼にこの上ない絶対的な信頼をおいていた。全員が経験から、彼の計画は勝利に通じると知っており、それゆえに……私たちの士気は倍増した」。

しかしながら、フランス軍と他国の軍隊の違いが、かつて考えられていたほどに決定的だったのかを疑う歴史家もいる。一例を挙げれば、たとえフランス人ほど語り継がれるような熱意を持っていなかったにせよ、旧体制国家の軍隊も斥候や軽歩兵を用いていた。一七九〇年代に、プロイセンのフュージリア兵は、フランス軍が得意とする野戦で敵軍と交戦する訓練を受けた――彼らの規律は、懲罰ではなく、プロフェッショナル意識と部隊の誇りに基づいていた。オーストリアは、チロルの射撃兵（自分たちの地方でしか従軍しないという特権を持っていた）とクロアチアの軽騎兵隊を持っており、ロシアは、一七八九年に三万人もの訓練された斥候（猟兵《イェーガー》）を持っていた。ロシア人将校は、農奴の徴集兵に自発的行動の余地を与えるという考えについて、いつも不安を抱いていたけれども、この数は一八一二年までにかなり膨れ上がった。ロシアは、軽騎兵として斥候に似た役割を担うコサック兵を頼ることができた。フランスの砲兵隊改革は、大砲の技術水準（可動性の向上、規格統一）という点でも、戦場における配置という点でも、プロイセンを模範として実施された。というのも、グリボヴァルは、七年戦争の際にオーストリア軍に派遣され、プロイセン軍の壊滅的な砲撃を受けていたのである。

いずれにせよ、ほとんどの軍隊が戦争の長期化にともなって発展を遂げた。一八一二年までに、イギリスはおそらくヨーロッパで最高の軽歩兵編隊を持ち（スペインで従軍した軽歩兵師団である）、ロシアはおそらく最高の騎馬砲兵隊を誇った。また、大同盟軍は最終的にナポレオンの戦術が戦場における衝突で敵を徹底的に破壊することに依拠しているため、最良の防御手段は彼の思いどおりにさせないことだと学んだ。一八一二年および一八一三年に大同盟が反撃するよりも前に、イギリス、ポルトガル、スペインが、一八一〇年のスペインで自分たちの通り道を焦土にする戦略的撤退がどれほどフランス軍を消耗させることができるかを示していた。ロシアは、スペインにおける戦争を注意深く観察し、早くも一八一〇年三月にフランスが侵攻してきた場合に備えて、似たような戦略を立てていた。一八一一年八月、皇帝《ツァーリ》アレクサンドル一世は、オーストリア政府に「必要があれば、十年間にわたって戦争に耐える準備ができていてようやく、［ナポレオンの］部隊を消耗させ、彼の資源を尽きさせることができる」と述べている。しかし、このためには、撤退先として国内に奥深く起伏の激しい地域が必要だった。ナポレオンがロシアとスペインで最も壊滅的な敗北を喫したのは、決して偶然ではないのだ。最後に、数的優位という重要な要因を指摘する歴史家がいる。フランスの戦術は、ぞっとするほどの死傷者をもたらした。おそらくフランスの勝利の鍵が、いかなる戦術的手腕でもなく、純粋に数の力で敵を屈服させるまで、兵数で勝る軍隊を大量殺戮に投入する力にあったためだろう。大同盟が数で拮抗したとき、フランスは敗北したのである。それゆえに、フランスの勝利の鍵、およびナポレオンの最後の敗北は、対立する両陣営がどれほど効率的に人的、物的資源を動員できるかという点にあった。

理屈のうえでは、一連の大同盟は決定的に有利なはずだった。当時の軍事理論家クラウゼヴィッツが指摘しているように、フランスの人口は、フランス戦争勃発時に約三千万人で、四千万人の人口を持つロシア帝国ひとつに、すっかり数で劣っていた。この時期の他の主要なフランスの敵国――イギリス（一千五百万人）、ハプスブルク帝国（二千二百万人）、プロイセン（一千七十万人）――が結束していたので、純粋に人口の観点から見れば、大同盟は圧倒的に有利だったのである。しかし、一国がどれほど多くの人口を持ち、繁栄していたとしても、国家が戦争を遂行するためには、政府が社会内部に埋め込まれた人的、経済的、物的資源を活用する仕組みが必要になる。確かに、個々の戦闘や軍事行動は、際立って優れた戦略、戦術的卓越、勇敢な行動に左右されうるが、戦争全体は、最終的には総合的な数の釣り合いだけではなく、戦争遂行国が自分たちの資源をどれほど効率よく活用できるかという能力によって決定づけられるのである。戦争は、単に戦場で何が起こったのかという問題だけではなく、戦い続けるのに必要な人員、資金、補給をどうやって確保するかという問題でもあるのだ。

占領されたヨーロッパとナポレオン帝国

フランスが相当な国力を持っていたにせよ、戦闘の規模があまりに大きすぎるため、フランスの資源だけでは、ナポレオンは恐ろしい人的犠牲をともなう戦争を決して遂行できなかった。解決策はナポレオン帝国の搾取であった。帝国は三つの区域に分けられた。第一に、パリが直接統治した「フランス人の帝国」であり、一八一一年の絶頂期には、フランス以外にも、低地地方、ドイツのラインラント、ハンブルク、ブレーメン、リューベック、オルデンブルク、イタリアのピエモンテ、ジェノヴァ、パルマ、トスカーナ、ローマ、イリュリア（今日のスロヴェニアとクロアチア）が含まれた。第二に、衛星国である。形式的には独立しているが、実際にはナポレオン、彼の家族、元帥、あるいはその他の任命者たちが支配する傀儡国家であった。ドイツのヴェストファーレン、ベルク、イタリアのナポリ王国、スイス、ワルシャワ公国がこれに含まれる。第三に、フランスとの同盟が利益になると統治者が計算した国々である。例えば、デンマーク、バーデン、バイエルン、ヴュルテンブルク、ザクセン、そして武力によってナポレオン陣営に加えられた国々、すなわち一八〇七年のプロイセンと一八〇九年のオーストリアである。

このような支配の主目的は、兵卒、資金、物的資源を戦争遂行に供出させることであった。一七九四年九月から一七九八年十一月にかけて、ラインラントから数百万のリーヴル硬貨が吸い上げられ、一七九五年十二月には、心臓が停止するかと思うほどの大金五千万リーヴルが吸い上げられた。イタリアもほぼ同様だった。一七九六年、パルマとジェノヴァはそれぞれ二百万リーヴル、ミラノは重大な支障をきたす二千万リーヴル（平年の税収の五倍）が没収された。最も苦しんだのは、一般の人々であった。なぜなら、公的な資金の要求に、フランス人兵士による物資の徴発が加わるからである。征服者たちはこれをうまく活用することで、フランスに併合するのであれ、姉妹共和国に変えるのであれ、そしてフランス軍が直接徴集するのであれ、フランスの利益のために展開される各国軍が徴集するのであれ、兵士を集めることができた。

しかし、フランスは制度的に根をおろすことができたところで、特にナポレオン帝国の内部――ベルギー、ラインラント、ピエモンテ――において、建設的な遺産を残した。一八〇四年のナポレオン法典に明記されている領主制と農奴制の廃止、および公民的平等と能力主義の原則が、帝国と衛星国の全域に導入された。また、一八〇二年の政教協約《コンコルダ》に記された宗教的寛容――これによって、十年以上に及ぶフランスにおける革命闘争の後、ナポレオンはカトリック教会と講和を結んだ――は、彼のヨーロッパ帝国全域に押し広げられ、しばしば熱狂的なカトリックの暴力をともなう猛反対にあった。とはいえ根本的には、フランスが支配する三つの区域は、人的・物的資源のために搾取された。

しかしながら、収奪が始まったのはフランス本国からだった。ボナパルトが一七九九年に権力を摑んだとき、彼は十年間にわたる革命が改革したフランス国家を受け継いだ。ナポレオンが継承したもののなかには、効率的な新しい行政システム、すなわちブルボン王家が夢みた中央集権的な統一構造が含まれていた。フランス革命戦争では、まさにこのシステムがフランス社会を動員するのにどれほど効率的であったのかが示された。一七八九年には、重複し、しばしば対立していた王の役人、最高諸院、地方組織の権限が廃止され、八十三のおおよそ均等な県に置き換えられ、これがフランスの主要な行政単位となった（いまなお続いている）。当初の目的は、地方の主導権を選挙で選ばれた役人の手に委ねることで脱中央集権化することだったが、流れは逆転し、中央から生じた権限が、県を通して区やコミューン（最小の地域行政単位）に及ぶようになった。

この中央集権化のプロセスは革命期に始まり、ナポレオンのもとで頂点に達した。一八〇〇年にナポレオンは各県に知事を任命した。彼らは中央政府の目、耳、声、手であり、社会秩序とパリが定めたすべての法の施行を担い、県の状況について報告した。ナポレオンの弟で初代内務大臣を務めたリュシアン・ボナパルトは、初代知事たちに長い義務一覧をもって忠告したが、その一番上には次の義務が書かれていた。「すぐさま兵の徴集に専念する。……税の徴収を特別に優先する。滞りない納税は、いまや犯すことのできない義務である」。「フランス人の帝国」が拡大するにつれて、この行政システムも拡大した。一八一一年の時点で、北ドイツからローマまで広がっており、総計百三十県が組み込まれ、各県にそれぞれ知事が任命された。

一七九三年の国民総動員令は劇的なものだったが、ナポレオンが革命から継承した徴兵制度は一七九八年のジュルダン法であり、これは一八一五年まで施行され続けた。毎年九月二十二日（革命暦における一年の最初の日。ナポレオンは一八〇六年まで革命暦を放棄しなかった）ごとに、二十歳から二十五歳の全青年男子が「クラス」に分けられ、そこから新しい徴集兵がくじ引きで選ばれた。くじ引きは二十歳からなされ、必要兵数に応じて二十一歳、二十二歳と対象年齢が上がっていった。「フランス人の帝国」が拡大するにつれて、ジュルダン法も広まっていった。一八一一年までに、北方のハンザ同盟の港町から南方のローマに至るまでの出身者が直接徴用され、フランス軍に入隊させられるようになった。イリュリアは、かねてよりオスマン帝国と国境を接しており、クロアチア人が土地と人身の自由の見返りとして伝統的に従軍していたので、この地域だけ免除された。ナポレオンの衛星国と同盟国も、軍隊を集めるように要求された。「血税」はひどく忌み嫌われ、しばしば忌避され、時に抵抗を引き起こした。しかし、これはナポレオン軍が多言語話者で構成されたことを意味した。全軍隊の三分の二が、ポーランド、リトアニア、クロアチア、ドイツ、スイス、イタリア、低地地方、スペインなど、フランス本国以外の出身だった。皇帝から見れば、このシステムは安定した新兵の供給を当てにできることを意味した。一八〇〇年から一八一三年のあいだに、フランスからの徴募だけで二百八十万人を集めた。彼は、アイラウのぞっとするような、数千もの凍てついた死体の光景を前にして、「私は毎年十万人の新兵を得ている。パリの一夜がこれを補ってくれるだろう」と言ったとされる。しかしながら、一八一二年以降帝国が解体していき、戦闘の負担が同盟国や衛星国ではなく、ますますフランス本国に降りかかっていくにつれて、このシステムは、フランスで完全に歯止めが効かなくなっていった。ナポレオンの知事の一人が、一八一三年に「私は全員を連れていくことになる。一八一三年から一八一四年にかけて、子供をつくって人口を維持できる者は誰も残らないだろう」とあからさまに不満を漏らしている。この時点までに、それぞれのクラスで約五十パーセントが徴兵されている。総じて、フランスの全人口の七パーセント（全適格者の三十六パーセント）がナポレオンのもとで徴兵されたのである。

フランスの軍事力にとって同じく重要なこととして、革命は、一七八九年以前に改革が難航していた免税特権、官職売買、徴税請負の難問に決定的に切り込んでいった。それに代わって、収入と土地に基づく直接・統一課税制度が敷かれた。のちに、消費税や家事使用人税、馬車税、窓税などの間接税が加えられた。また革命家たちは、教会所有地の国有化と売却によって、およそ二十億リーヴル相当を集めた。同時に革命家たちは、自由市場への信頼から、国内の関税障壁や通行料の泥沼状態を取り除き、ギルドのような独占組合を禁じた。したがって、ナポレオンは効率的な財務システムによって開発された、再興するフランス経済の成長を継承したのである。彼は、包括的な税調査と、タバコ、アルコール飲料、塩などの消費財に対してさらなる間接税を導入することで、これを微調整している。またナポレオンは、一八〇〇年に株主と政府の援助を得ながら、フランス初の国立銀行であるフランス銀行を創設した。しかし、投資家たちが利益を生む公債の購入に慎重であったため、イギリスの「減債基金」を真似て国債を運用するという試みは失敗した。

フランスの公共財政システムは、程度の差こそあれ、ヨーロッパ全域に導入され、膨大な金額を集めたが、決して急騰する戦費を賄うことはできなかった。イタリア王国の税収は、一八〇五年から一八一一年のあいだに五十パーセントも釣り上げられたが、同じ期間に負債は五倍に膨れあがった。ほぼすべてのところで、行政機関が、間接税――塩税、タバコ税、輸入関税――を増やして不足額を補おうとしたが、これらは相対的に貧しい人々にとって苦しいものであったため、激しい憤慨を引き起こした。

ヨーロッパの搾取は、とりわけ一八〇六年十一月のベルリン勅令が打ち立てた「大陸システム」において、はっきりとした形を見せた。このシステムには、二つの狙いがあった。イギリスの通商をヨーロッパから排除して経済戦争を戦うこと、そしてフランスの農産物や工業品の独占市場を確保することである。二つ目の狙いだけ――「非共同市場」や「片方の共同市場」と表現されてきた――が、ある程度実現した。ヨーロッパ経済には、確かにこのシステムの恩恵を受けたところがある。イギリスの輸入品が勢力を落とし、ザクセンの綿製造業者とシュレジエンの毛織物織工が東ヨーロッパに輸出することができた。また、大陸封鎖の影で、ベルギーが初めてとなる産業的「飛躍」の盛期を迎えたと主張する歴史家がいる。だが、ナポレオン自身は断固として、「フランス最優先」という経済的信条を貫いた。

実際、フランスには恩恵を受けた場所もあれば、ひどい損害を被った場所もあった。ライン川の戦略的位置の恩恵を受けるアルザスは、フランス帝国の本国とドイツにある衛星国のあいだの貿易の重要な中継地点となったが、海港都市とその後背地は輸入品の不足に苦しんだ。一八〇八年に、ボルドーのアメリカ領事は「この都市の街路には、雑草が生い茂っている。マーブルヘッドの漁船二隻といまだ潮に揺られる三、四隻の空の船舶を除いて、この美しい港は見捨てられた」と書いている。一八一四年に帝国が崩壊したとき、アルザスがボナパルトに忠実であり続けたのに対して、ボルドー市民がウェリントンを解放者として歓迎したのは、驚くことではないだろう。

大陸システムは、イギリス製品を除外するという点でまったく付け入る隙がなかったわけではなく、イギリス工業の衰退という狙いは達成されなかった。支配下のヨーロッパの臣民たちに、イギリスとその帝国からの輸入品にとって代わるものを提供できる場合にのみ、システムは機能しえたのだが、ナポレオンにはそれができなかったのである。砂糖、コーヒー、綿などの商品への需要は、イギリスが支配していた世界貿易を利用することによってのみ、完全に満たされうるものだった。イギリスは、ジブラルタル海峡や、コルフ島、シチリア島、マルタ島

図6　イギリスからの密輸品の公開焼却処分は、ナポレオンによるヨーロッパ封鎖の強化を目指していたが、すでに「大陸システム」の商業的遮断に苦しんでいた人々に衝撃を与えた。この絵は、1812年のアムステルダムにおける焼却処分の一例である。

などの地中海の島、さらに北海のヘルゴラント島に、嬉々として密輸拠点を設立した。カリブ海の英領プランテーションで生産された砂糖は、テッサロニキ沿岸へ密輸出され、秘密裡にラバで山を越し、ナポレオン帝国中で売られた。一八一二年に、ナポレオンは、アムステルダム、ハンブルク、フランクフルトで数百万フラン相当の、没収したイギリスの密輸品の公開焼却処分を命じて、ヨーロッパの人々に衝撃を与えた（図6を参照）。しかし、フランス人自身が、イギリスは自分たちの葡萄酒、シャンパン、ブランデー、絹、そして小麦にいたるまでの重要な市場であると気づいていた。ナポレオンが支配する国は定期的に、イギリスとこれらの商品の取引を行うことを臣民に認める許可を出した。最も破滅的な影響は、政治的なものだった。ナポレオンは、大陸封鎖を遵守させるために政治圧力を用いており、とりわけ二つの重大な機会に軍事力に訴えたのである。一つは、半島戦争の苦難を招いた一八〇七年のポルトガル侵攻であり、もう一つは、同じく大損害を被った一八一二年のロシア侵攻である。

郵便はがき

おそれいりますが切手をおはりください。

101-0052

東京都千代田区神田小川町3-24

白水社 行

購読申込書

■ご注文の書籍はご指定の書店にお届けします。なお，直送をご希望の場合は冊数に関係なく送料300円をご負担願います。

書名	本体価格	部数

★価格は税抜きです

(ふりがな)

お名前 (Tel.)

ご住所 (〒)

ご指定書店名（必ずご記入ください）	取次	（この欄は小社で記入いたします）
Tel.		

『ナポレオン戦争』について	(9780)

■その他小社出版物についてのご意見・ご感想もお書きください。

■あなたのコメントを広告やホームページ等で紹介してもよろしいですか？
1. はい（お名前は掲載しません。紹介させていただいた方には粗品を進呈します） 2. いいえ

ご住所	〒 電話（ ）		
（ふりがな） お名前	（ 歳） 1. 男 2. 女		
ご職業または学校名		お求めの書店名	

■この本を何でお知りになりましたか？
1. 新聞広告（朝日・毎日・読売・日経・他〈 〉）
2. 雑誌広告（雑誌名 ）
3. 書評（新聞または雑誌名 ） 4.《白水社の本棚》を見て
5. 店頭で見て 6. 白水社のホームページを見て 7. その他（ ）

■お買い求めの動機は？
1. 著者・翻訳者に関心があるので 2. タイトルに引かれて 3. 帯の文章を読んで
4. 広告を見て 5. 装丁が良かったので 6. その他（ ）

■出版案内ご入用の方はご希望のものに印をおつけください。
1. 白水社ブックカタログ 2. 新書カタログ 3. 辞典・語学書カタログ
4. パブリッシャーズ・レビュー《白水社の本棚》（新刊案内／1・4・7・10月刊）

※ご記入いただいた個人情報は、ご希望のあった目録などの送付、また今後の本作りの参考にさせていただく以外の目的で使用することはありません。なお書店を指定して書籍を注文された場合は、お名前・ご住所・お電話番号をご指定書店に連絡させていただきます。

第五章　兵士と民間人

フランス戦争が生んだ惨事は、スペインの画家フランシスコ・ゴヤの心をかき乱すような飾り気のない版画のなかで描写されている。『戦争の惨禍』は、一八一〇年から一八二〇年に黒色の線で描かれ、スペインにおけるゲリラ戦の苦難と残忍さを、ありのままに保存している。レイプされる女性たち、絞首台からだらりとぶら下がる民間人の死体、鉄環絞首刑に処される司祭、斧で頭を真二つに割られる間際の兵士などである。ここには英雄も悪役もいない。銅版画のなかには、スペインのゲリラ兵とフランス人兵士を、加害者と犠牲者を見分けることができないものがある。暴力は無差別で意味のないものであり、そこに恐ろしさがあるのだ。誰もが、いつでも犠牲者になりえた（図7を参照）。

フランス戦争は、戦争には「規則」があるという十八世紀の観念を、ほとんど粉々に打ち砕いた。スイスの法学者エメール・ド・ヴァテルは、一七五八年の著作『諸国民の法』において、「正しい戦争」の定義や民間人の扱いや財産の扱いなど、戦時と平時の国際関係の行動規則（「適切な行動様式」）の概説を試みて大きな反響を呼んだが、このなかで「ヨーロッパの諸国

図7　1810年のゴヤの銅版画は、ナポレオン戦争期のぞっとするような命の浪費を描いている。犠牲者の国籍も、兵士なのか民間人なのかもはっきりしない。これこそが、戦争の惨禍の無差別な性格を最も力強く表している。

民は、ほとんどいつも自制心と寛大さをもって戦争する」と書いている。このような考えは、啓蒙のコスモポリタニズム――すべての人民は、理性や一定の権利などの基本的な特性を共有しており、類似の自然法によって統制されるという考え――を下敷きにしている。しかしながら、フランス革命戦争とナポレオン戦争という総力戦が、容赦ない残忍さによってこれらの幻想を破壊したというだけではない。啓蒙の人道主義もまた、危険な矛盾を孕んでいたのである。この思想体系のなかには、有害なウイルスが潜んでいた。すなわち、戦争を制限する「規則」に従わない者はどうするのか。十八世紀の法学者は、綿密な作戦をともなう戦争を想定していたが、これとは異なる種類の戦闘を行う、反徒、ゲリラ兵、強盗、ヨーロッパ人でない「野蛮人」はどうするのか。敵国から、戦争の法を違反した、あるいは「不正な」戦争をしているとみなされた国はどうなるのか。ヴァテル自身は、彼らは「モンスター」であって、根絶して構わないと回答している。

兵士にとっての戦争

苦悩や死という究極の犠牲を払ったのは、兵士、水兵、自分たちが砲火のさなかにいると考える民間人であった。ヨーロッパならどこでも、兵士が最初に軍と接触するのは、新兵徴募のとき、あるいはもっと頻繁なのは徴兵のときだった。兵役の負担は、最も貧しい者に課せられた。資産のある人々は、金を払って代理を立てることができたからである。フランスだけが、一七九三年の国民総動員令や一七九八年のジュルダン法で、定期的にこのような兵役代行を禁止したけれども、ボナパルトは、教育を受け資産を持っている人々は役人や納税者として一層貢献できるだろうと考えて、この慣例を再導入した。フランスの徴集兵は平和になるまで従軍するものとされたが、結局、長い年月にわたって過酷な従軍を強いられた。

イギリスでは、軍隊が民間人にまったく人気がなかった。政府は短期間の兵役を導入してみたが、将校たちが新兵は民間人としての生活と強制的かつ完全に分断されるべきだと主張したために、兵籍への編入が生涯にわたったのである。しかし、労働者や職人が、自分たちの労働力を自由に売ることができ、熟練した者であれば高賃金を得られると考えていた社会にあって、まさにこの理由から兵役は人気がなかった。一七八七年に陸軍副総監が次のように嘆いている。「兵士の悲惨な状況のせいで、正気を保った適格者が入隊して兵士になるということが考えられなくなっている」。

徴兵は、どの民間人にも精神的苦痛を与える経験だったが、ロシアほど強烈な経験をしたところはなかった。ロシアでは、二千万人の農奴が対象となったのである。新兵を選ぶ責務は、最終的に村の長老に課せられた。長老自身も農奴であったが、決まって厄介者や不適合者だと考えられる人々を選んだ。ロシアの徴集兵は、休みなく二十五年間にわたって従軍する運命にあった。これは、実際には生涯にわたる従軍を意味した。というのも、病気と戦闘で人命が失われ、この期間を生き延びた者はわずか十パーセントだけだったのである。識字率が五パーセント以下の社会であり、兵士は家族に宛てて手紙を書かなかった。兵士は、まずめったに家族と再会することはなかった。なぜなら帰還兵は忘れられているか、傷を負っているか、身体が不自由になっており、除け者として扱われたためである。それゆえ、ロシアの徴集兵は家族にとって死人同然であった。兵士はもはや村民とみなされないので、顎髭や髪を剃り落とし、出征前夜に家族が通夜を行った。出征時には、家族や友人が葬送歌を歌いながら村の端まで徴集兵に同行し、それから新兵がすでに死んでしまったかのように彼に背を向けた。徴集兵が子供を残して、誰も面倒を見る者がいなかった場合には、子供たちは軍隊の孤児院に送られ、下士官になるべく訓練を受けた。とても過酷な環境だったため、三分の一は大人になることがなかった。

驚くことではないが、民間人は徴兵を逃れるために手を尽くした。最もわかりやすい手段は脱走である。フランスでは、新兵になりうる者が、単に徴兵名簿に登録されないことで兵役を逃れようとすることがあったが、実際に徴集された人々が脱走する最大の好機は、訓練基地への行軍の途中であった。地元の土地は馴染みがあるからだ。ナポレオンの継子にしてイタリア王国の副王ウジェーヌ・ド・ボアルネは、脱走兵の三分の一が入隊直後に行方をくらましていると見積もっている。様々な理由から、ヨーロッパ全域の脱走率は一律ではなかった。山岳地帯、森林密集地帯、あるいは国境地帯では、より簡単に軍隊から脱走できた。ロシア帝国は面積がとても広大で、逃げる徴集兵がとても目立つため、脱走はとても危険をともなう試みであったが、ロシアがヨーロッパに侵攻したとき、ロシア人兵士たちは脱走する、より多くの好機を得た。ロシア人部隊が帰国命令を受けたとき、実際に脱走が増加している。徴集兵たちは、一度ロシアの地に戻ったら、脱走できる可能性が薄れてしまうと知っていたのである。

言語も重要だった。ナポレオンの側では、フランス語を話さない兵士は、フランス語を話す兵士よりも脱走する可能性が高かった。年によっても脱走率は異なった。フランス帝国では、脱走を抑止する体制の能力に応じて、割合が変動している。フランスでは、国家が弱体化しているときに、脱走率が高まった。とりわけ一七九〇年代後半に、総裁政府が次々と訪れる危機によろめいたとき、また一八一三年以降、ナポレオン体制が手も足も出なかったとき、兵員徴募が再びフランス人自身の上に重くのしかかってきたときである。しかしながら、いくつかの地域では、これらの期間に脱走率が二パーセントの低さまで下落している。フランスの脱走兵は、ときどき孤立した農場や旅人から盗みをはたらく盗賊団を形成した。これは単なる強盗であったかもしれないが、ときに王党派に利用され、政府の役人や革命体制の支持者たちが標的とされることがあった。脱走兵たちは、ヨーロッパ中で逃げて生き延びる好機を見出し、地域社会に支えられ、治安維持組織からかくまってもらい、食事と住まいを提供してもらったのである。

また、地域社会が団結して暴動や反乱を起こし、徴兵に抵抗することもあった。一七九三年のアイルランドにおける民兵隊の創設は、小作人たちのあいだで暴力の噴出を呼び起こした。また一七九六年のイングランドおよび一七九七年のスコットランドでは、追加徴募が暴動を引き起こした。本国での任務だけを想定した軍役に対してこのような暴力をともなう反対が生じたのだから、前線で戦う軍隊への徴兵が本格的な反乱を引き起こしえたことは、驚くべきことではないだろう。フランスの支配地域では、戦闘地域の生活の悲惨さ、侵略が引き起こす社会的混乱、革命による教会への攻撃といった別の不満がしばしば蜂起の原因となったが、最後の引き金となったのは、たいてい徴兵の導入だった。フランスでは一七九三年に、ヴァンデ、ノルマンディ、ブルターニュなどの革命に対する敵対感情をむき出しにしていた地域で、徴兵が反革命を引き起こした。一七九八年九月、フランス政府がベルギーにジュルダン法を課したとき、この国はすでに革命のそのほかの改革に激怒しており、「小作人戦争」で怒りを爆発させたが、この農村蜂起は年末までに容赦なく鎮圧された。徴兵に慣れていない地方では――ベルギーのように――、とりわけ断固とした反対がなされた。ハプスブルク帝国に属していたチロルでは、伝統的に徴兵が免除されていたが、ナポレオンの同盟国バイエルンがチロルを併合し、徴兵を導入したとき、一八〇九年にアンドレアス・ホーファー――宿屋の主人で馬商人――が蜂起を主導して、州都インスブルックの占領に成功した。ホーファーはゲリラ戦を行ったが、バイエルンがフランス軍の支援を受けて反撃し、蜂起を粉砕した。ホーファーは捕らえられ、銃殺隊に射殺された。

このような公然とした蜂起が、政治体制にすでに強い敵意を抱いていたヨーロッパの諸地方で起こった。しかし、大多数のヨーロッパ人にとって、新兵徴募から逃れるもっと巧妙な手段があった。地元の住民たちが、人々に愛されている住民や、高い技術で評価されている住民を助けたのである。イギリスでは、民兵隊への従軍によって失いたくない人々の身代わりに支払うために資金が集められた。フランスでは、地方当局が「兵役不適格」という言葉を曖昧に解釈することによって、自分たち自身を守った。しかしナポレオン体制は、すぐさまこれに気づき、知事と軍将校で構成される「新兵徴募委員会」に徴兵の責務を負わせた。また、別の逃げ道として婚姻があった。ナポレオンが支配するイタリア王国では、若い男性が祖母であってもおかしくないような高齢の女性と結婚した。というのも、フランスの制度では、既婚者は「行軍すべき最後の人」に分類されたのである。もっと大胆な手段に自傷行為があった。引き金を引けないようにするために人差し指を切断したり、マスケット銃の弾薬筒の封を嚙みちぎれないようにするために抜歯したりしたのである。

現存するフランス人兵士の手紙から、徴兵を逃れようとしなかった、あるいは逃れられなかった人々が抱いた複雑な感情が窺える。家族や故郷から切り離された孤独感、未経験の生活に順応するときの戸惑い、兵舎や野営地での退屈さ、死ぬ恐れに直面したときの不安である。それゆえ仲間はとても大事だった。彼らは同じ苦難を共有したのであり、キャンプファイヤーや鍋を囲んで親睦を深め、語り合い、歌を歌い、冗談を言いあったのである。軍隊生活を理想化するわけではないけれども、兵士たちは不確かで危険な未来に直面したとき、相互に助け合う道を見出した。また訓練は、徴集兵を戦闘に備えさせるばかりでなく、日課でもあった。新兵は教練、射撃練習、歩哨の任務で忙しかった。司令官は、最も士気を下げる力の一つが、退屈や無気力だとよく知っていたのである。多数のそういった手段を通して、意識的にも、付随的にも、あらゆる軍隊のあらゆる部隊が「団結精神《エスプリ・ド・コール》」を育んだ。

規律の維持は、確かな戦闘力をつけるためだけではなく、徴兵のショックの後、兵士の生活を秩序づけ、方向づけるためにも必要不可欠だと考えられた。過酷なものだったに違いない。

ロシア人兵士は、定期的に鞭打ちを受けた。大部分の将校が、服従こそ戦場における成功の秘訣だと考えていたからである。迫りくる砲弾を避ける兵士は誰でも鞭で打たれた。砲弾をかわそうとする行為は、敵を鼓舞するだけだ（と言われていた）からである。「臆病」の罪に問われた兵士は、即刻射殺されることがあった。プロイセンで最も過酷な懲罰の一つに、「ガントレット」（鞭を持つ二列の兵士たちのあいだを兵士に通らせる）があった。フランスは、市民＝兵士にふさわしくないとして一七八九年に鞭打ちを廃止したけれども、その他については厳格な懲戒規定を維持した。軍事司法は、迅速で柔軟性のない厳しいものだった。例えば鉄球刑は、鉄球と鎖をつけるだけではなく監禁をともなっており、また死刑は軍法会議によって、略奪のような些細な行為から戦場での臆病に至るまで、かなり広範な違反行為に対して適用された。イギリス軍では、短期間の投獄から、鞭打ち、「ガントレット」、「三角木馬の刑」（三角錐の箱の尖った頂点にまたがって座る）、銃殺、絞首刑まで、懲罰は多岐にわたった。

　しかし、あらゆる主要交戦国において、規律維持の方法を変更すべきだと主張する声が聞かれた。すなわち何よりもまず、兵士の名誉を求める声、団結精神《エスプリ・ド・コール》、パトリオティズム、リーダーシップ、将校と兵士の相互尊重を重視すべきだというのである。フランス軍は、二十年間に及ぶ革命と戦争によって、とにかくこれらの価値観が染みついた。フランスの徴集兵は、市民たる兵士として社会の除け者ではない地位を享受した。共和国が、祖国の防衛者としてもてなしたのである。ナポレオンは、階級にとらわれることなく、レジオン・ドヌール勲章で勇敢さと手柄を称えた。一八一四年のある事件では、フランスの陸軍大尉が自分の剣の平らな面で部下を叩いたが、この騎兵が怒って将校に向き直り、レジオン・ドヌール勲章を見せ、上官を恥じ入らせて謝罪させている。この二人は握手して、その後配給とブランデー一本を共にしている。

ロシアの戦争大臣バルクライ・ド・トーリ将軍は、将校たちにもっと人間愛を持って兵士たちと接するよう、次のように忠告した。「ロシア人兵士は、あらゆる優れた軍事的長所を備えている。勇敢で、熱心で、従順で、献身的で、強情でない。したがって、冷酷な仕打ちをもってせずとも、訓練し、規律を維持する方法が間違いなくある」。イギリスの軍人たちのあいだでは、いくつかの違反行為に対して、鞭打ちの代わりに、短期間の投獄と少額の罰金が科せられることになった。鉄のごときプロイセンでさえ、軍事改革者アウグスト・フォン・グナイゼナウが、鞭打ち刑の適用を減らすことで、「背中の自由」を宣言した。

軍事行動が始まると、軍隊の団結と能力を確かなものにする目的で団結精神《エスプリ・ド・コール》と規律が調整された。しかし、最もよく訓練された軍隊でさえ、いくつかの点で苦闘した。極限状態での長距離行軍で、規律が崩壊することがあった。大陸軍《グランド・アルメ》は、一八〇五年のオーストリアに対する素早い攻撃において十三日間で三百マイル進んだが、それに先立って大部分の軍隊は、（イギリスに侵攻する準備を整えていたにもかかわらず）フランスを横断すべく強制的に行軍させられた。歩兵（のちの陸軍大尉）ジャン＝ロク・コワニェは、一時間未満の睡眠で日夜行軍し続けたので、疲れ切った兵士たちは倒れないように交互に腕を組んだと述べている。コワニェは、最終的に疲労に負けてどぶに転がり落ちた。注目すべきなのは、フランス軍が、このすべての後にまだ、一連の素早く、壊滅的な打撃を与えることができたという成果である。七年後のロシア内部への長距離行軍は、まったく異なる結果となった。距離が途方もなく長く、息が詰まるような夏の暑さのなか、食糧調達の機会がほんの僅かだったので、兵士たちは卒倒し見捨てられた。ナポレオン侵略軍のバイエルン分遣隊司令官は、行軍のつらさがもたらす「意気消沈、落胆、不満、不服従、反抗といった様々な感情のせいで、何が起こるか予測できない」と報告している。実際に起こったのは、大量の兵士の脱走だった。モスクワまで道半ば、かろうじてヴィーツェプスクに到達するまでに、全軍兵士の三分の一を失ったとされる。

もう一つの敵は病気だった。フランス戦争では、戦闘よりも病気によって多くの兵士が命を落とした。イギリスは半島戦争において、八千八百八十九人をフランスの攻撃で失ったのに対し、二万四千九百三十人を病気で失った。これは兵士たちが密集して野営し、兵舎に住み、露営したところならどこでも、ヨーロッパ全域で繰り返されている。二〇〇一年にヴィリニュスの集団墓地から発見された考古学的証拠は、一八一二年にモスクワから撤退するフランス部隊の三分の一近くが、チフスを運ぶシラミに苦しんでいたことを示唆している。別の恐怖に性病があった。地元の女性と恋愛関係にあった兵士たちが知られていなくもないが、ヨーロッパの軍人は暴力や下劣さで有名だった。つまり大部分の軍人が性的快楽を抑えられず、売春婦に頼ったのである。あるフランス人騎兵が述べるように、その結果、病院に「堕落した性交の犠牲者がうず高く積まれた」。

戦闘を生き延びたものの捕らえられた兵士たちは、いつ、誰に戦争捕虜として捕まったかに応じて、様々な運命を経験した。フランス革命戦争の最初の数年間には、フランス軍が捕らえた大同盟軍の捕虜たちが町や要塞に収容されたが、毎日の点呼を受け、密かに脱走しないと誓った場合には、階級に応じた金額が支払われ、町中を自由に歩き回ることが許された。戦争捕虜と地元の女性との結婚は珍しいことではなく、多くの者は民間人のときに従事していた商売を続けた。恐怖政治期には、監禁されるなど状況が厳しくなったが、その後再び穏やかなものになった。この背景の一つには、実用的な理由があった。フランスの多くの地域社会は、無期限で捕虜を収監しておくだけの資源を持っていなかったのである。イギリスに捕らえられた捕虜は、(よく知られているように、エディンバラ城を含む)国の周縁部の城塞に収容された。戦争捕虜が監禁された環境は劣悪だったに違いない。一七九九年、オーストリアに九カ月間にわたって捕らえられたフランス人徴集兵は、「四十人がひと部屋に」閉じ込められ、新鮮な空気がなく、粗末な食事で、不潔な麦藁を積み上げて寝床を作っていたため、「病気にかかり、害虫に苦しんだ」という。彼は、地元の小作人たちの報復にさらされた。宗教行列を見ることを許されたときには、フランスの捕虜たちは唾を吐かれ、叩かれ、殴られている。この徴集兵は幸いなことに、捕虜交換のおかげで解放された。捕虜交換は、しばしば政治的な理由で起こった。敵が和平交渉をどう考えているのかについて探りをいれる手段として討議されたのである。

戦争の最大の恐怖は、戦場で爆発した。フランス戦争期の軍隊では、新兵器の開発がほとんど見られなかったが（ただし、まったく成功しなかったものの、イギリス軍がロケット弾の実験を行っている）、彼らの殺傷兵器は十分な破壊力を持っていた。死傷者数は両陣営合わせて、アウステルリッツで二万四千人、イエナ＝アウエルシュテットで六万人、アイラウで五万六千人、ワーテルローで四万六千人だった。最悪の殺戮はボロディノで、八万人が命を落とした（フランス陣営だけで三万五千人が負傷し、そのうち一万三千人がのちに死んだ）。これらは一日のうちに行われた戦いであって、第一次世界大戦に匹敵する規模の大虐殺である。一九一六年のソンムの戦いの初日にイギリスが出した死傷者は、五万八千人なのである。

フランス戦争期には、マスケット銃に装塡し発砲するまで十二もの手順を踏まねばならなかったが、熟練の兵士は三分間で素早く四回発射することができた。フランス医療班の治療を受けた負傷者一覧によれば、一連の素早い射撃を浴びると、頭蓋から爪先まで人体のどの部位も無事では済まなかった。重騎兵の剣は兵士の帽子を切り裂いて、頭を二つに割ることができた。砲撃の衝撃はとても恐ろしく、経験豊富な軍医でさえ、いくつかの光景に取り乱すことがあった。例えば、砲弾が胸郭を突き抜けて砲兵が即座に殺されたり、砲弾によって将校の首がとび、頭部のない胴体が馬にまたがったままだったりした。

また、兵士たちの回顧録に、戦闘の大虐殺が記録されている。一八〇九年のアスペルン＝エスリンクで、コワニェは隊列のそばを勢いよく通り抜ける砲弾によって足元から吹き飛ばされた。「私にはもう右腕の感覚がなかった。下を向くと、血まみれの肉片が出血する傷口に覆いかぶさっているのが見えた。まるで私の腕が打ち砕かれたかのようだった。実際に、私の方に丸ごと吹き飛んできたのは、哀れな仲間の遺体の一つだった」。その後、あらゆる戦場にこのような凄まじい死の光景、音、臭いがあったので、これらは経験した者たちの脳裏に焼きついた。あるフランス人兵士は、アイラウの戦いを振り返り、冬の戦場について次のように述べている。「いたるところで大量の血痕が雪を染め、人馬に踏み荒らされて黄色になった。騎兵が攻撃する場所、銃剣で武装した兵士が攻撃する場所、大砲を設置する場所は、死体と馬で覆われていた。どこを見渡しても、死体もしくは身体を引きずるようにして歩く哀れな人しか見当たらず、耳をつんざくような叫び声しか聞こえなかった」。膨大な数の負傷者にもかかわらず、軍医は可能な限り最善を尽くして治療にあたった。最も深い傷を負った者には切断手術の処置が施された。熟練の軍医は、わずか数分で手足を切断することができた。フランスの軍医ドミニク・ラレは、ボロディノのぞっとするような大量殺戮のあいだに、二百件の手術を行ったと言われている。実のところ、ラレは偉大な革新者であり、一七九四年に「空飛ぶ救急車」を発明している。戦場から後方の応急手当の場所まで運ぶことができない負傷者を助けるため、また運べる負傷者を避難させるために、特別に設計された担架のことである。彼は後に、負傷者を深刻度に応じて分類し、それぞれ異なるレベルの治療が割り当てられるような、負傷者に優先順位をつけるトリアージ・システムを初めて考案した。一七九六年に彼は自分の部下たちに、階級や国籍にかかわらず、まず最も重傷の患者から治療するように伝えた。彼の評判は大変高く、ウェリントンはワーテルローでラレの救急車が用いられていることに気づいたとき、帽子を取って、自分の将校の一人に向かって、「勇敢さと献身に敬意を表する。もはや私たちの時代のものではない」と述べたと言われる。

民間人にとっての戦争

戦争は、民間人に様々な影響を及ぼした。トルストイの『戦争と平和』の登場人物ピエール・ベズーホフのようにボロディノの戦場の周辺をまごつく狂者はほとんどいなかったが、とりわけ町で、あるいは町の近くで戦いが起こったとき、民間人が戦火に巻き込まれる可能性は高かった。一八一三年、大同盟軍がフランス軍を攻撃しようとライプツィヒに迫ってきたとき、彼らは周辺の村を砲撃した。ザクセンの牧師がこの経験を回想し、人々が地下室に避難したときのパニックについて描写している。教会に避難した者もいたが、銃弾が戸を吹き飛ばして窓から降り注ぎ、塔は炎に包まれた。しかし、軍隊に同行する民間人もいた。東方正教会の聖職者は、兵士たちを鼓舞するためにロシアの最前線に立ったとして知られている。もっとありふれたこととして、異なるやり方で軍隊を後方から支援する民間人がおり、それはしばしば女性だった。フランス軍には酒保係と従軍商人がいて、彼女たちは、夫や恋人を追って軍隊についていき、なんとか生きていくために食糧と補給品を売った。しばしば軍服の予備を着て行軍しながら、人生の苦難を共にした。兵士たちにとって、彼女たちは恐るべき人物であったが、人気があった。モスクワからの退却時、ブルゴーニュ軍曹は連隊付きの軍医の妻であった「私たちの酒保係、デュボワ夫人」の克己心を思い起こしている。彼女は、氷点下の気温のなか森で出産した。翌日、彼女は、連隊長の馬をもらい、新生児を羊の毛皮に包んで運んだ。イギリス軍にも、「連隊付きの女性たち」がいた。兵士の妻である。あるスコットランド人が自分の妻について述べているように、彼女は「陸でも海でも、野営地でも兵舎でも、戦時でも平時でも、彼女自身の苦難について不愉快な省察を一切することなく、あらゆる運命を私と共にした」。他ならぬこの夫婦は、戦地で結婚し、十一人の兵士がいるテントで初夜を過ごした。

稀ではあるが、女性も戦闘を経験した。テレーズ・フィギュウールは、一七九三年以降、一八一二年にゲリラ指導者メリノによってスペインのブルゴス郊外で捕まるまで、フランス軍と共に竜騎兵として戦った。彼女は、終戦まで捕虜としてイギリスで過ごした。このようなフランス人女性兵士の数は、三十人から八十人くらいと見積もられている。フランスのいくつかの軍艦には女性がおり、しばしば料理人として働いていた。トラファルガル海戦では、英国軍艦リベンジの乗組員が、戦闘中に炎上し爆発した軍艦アシールから逃れようとして海に飛び込んだ二十五歳のフランス人女性を救助している。しかしながら、民間人はもっと頻繁に戦争の悲惨な犠牲となった。女性たちは皆、とても頻繁に性的暴行の被害にあったのである。これはとてもありふれた犯罪であったため、ナポレオンは一七九八年のエジプト上陸前夜に、兵士に対して「あらゆる国であることが共通している。レイプは不埒な行為だ」と忠告した。しかし、すべての兵士が従ったわけではなかった。侵略軍が「その土地で食糧を調達し」、略奪したとき、家族は窮乏だけではなく暴力にも苦しんだ。一七九五年にラインラントで、フランス人将校は、「殺人、レイプ、あらゆる種類の略奪があった――考えられるすべての犯罪が起こった」と率直に認めている。「私は、アンテルンハイムで（六人の幼い子供を持つ）教師が哀れにも自宅で殺されたのを見た。アルビヒの司祭や他にも多くの哀れな犠牲者がいた。彼らの唯一の落ち度は、所持していたわずかな金をすぐに手放さなかったことだけだ」。

とりわけ恐ろしいのは、戦争という嵐に襲われた都市における民衆の経験であった。兵士たちは、「儚い希望」――砲撃が作った要塞の突破口――を通って押し分けて進むことを強いられ、激しい消耗をともなう苦難と恐怖の砲撃にさらされた（図8を参照）。一度都市が占領されると、将校たちは兵士たちの統制を完全に失った。一八一二年、イギリス軍が恐ろしいほどの死傷者を出してスペインの町バダホスを攻略したとき、兵士たちは暴れまわった。中尉は衝撃を受けて、次のように報告している。兵士たちが「すでに重傷を負っている女性たちに襲いかかり、彼女たちの首、指、耳から装身具を引きちぎる！」のを見てぞっとした。「最終的に

図8　急勾配をよじ登るさま、落下した死体や落下中の死体、接近戦。これらは、包囲戦の恐怖と疲弊を表している。

は、彼女たちが身につけていた衣服を剝ぎ取った。……多くの兵士が鞭で打たれたが……誰も絞首刑に処されなかった。しかし、数百人はそれに値した」。驚くまでもないが、侵略軍が接近すると大勢の人が避難した。ドイツではライプツィヒで生活していた新聞記者が、一八一三年に次のように描写している。「泣き悲しむ母親たちが、籠に詰められた羽毛敷布団を持って、二、三のほとんど裸の子供を連れ、赤ん坊を背負っている。父親たちは、妻と子供たちを探している。子供たちは群衆のなかで両親を見失う。病人たちは手押し車に乗せられ、馬の群れを押し分けて進もうとしている。嘆きと悲しみがいたるところにある」。

第六章　海戦

一七九八年、ネルソンがアブキール湾でフランス艦隊を完膚なきまでに破壊した後、ボナパルトは「運命の女神は、我々に地上の覇権を授けるかわりに、我々の宿敵を海の支配者にしようと決めたようだ」と書いている。この理由の一つには、十八世紀の英国海軍がどこよりも飛び抜けて大規模だったことがある。一七九五年、イギリス艦隊が戦列艦を百二十三隻持っていたのに対して、次に大規模なフランス軍は五十六隻を集められる程度だった（戦争勃発時の七十三隻からすでに減少していた）。とはいえ、規模だけではイギリス海軍が海上覇権を獲得できた理由として不十分である。フランス軍は、スペイン軍（戦列艦七十六隻）やオランダ軍（同二十八隻）のような海洋国家を同盟軍として擁しており（実際に彼らは、戦争中様々な局面で同盟を組んだ）、英国海軍の力を限りなく分散させることができた。というのも、英国海軍の任務には、ヨーロッパ海域において敵艦隊を警戒し近海を防衛すること、航路と帝国の安全を確保すること、陸海軍統合作戦（「協同」作戦《コンバインド・オペレーション》）に参加することが含まれていたのである。

　したがって、その質も無視できない。とりわけイギリスは海軍に注力していたので、水兵が、入隊して間もない新兵でさえ、すぐに海上生活を経験したのである。一七九三年以降、海軍がフランス沿岸を封鎖したため、イギリスの水兵たちはあらゆる気候や海で航行する多様な経験を積んだ。イギリスの船は、フランスとスペインの機敏な船より遅かったかもしれないが、最も難しい条件ですら船を動かせる水兵たちの技量が、あまり速度が出ないことを補った。戦闘では、イギリスの水兵は、敵と接近した状況で自船を操縦する能力に長けており、優位に砲撃を行うことができた。海上での砲撃経験がより豊富だったのである。英国海軍が協同作戦で陸軍と協力するなかで果たした役割は、しばしば等閑に付されている。七年戦争のあいだ、海軍本部は平底の上陸用舟艇の設計を承認し、それ以降、この船が協同作戦で用いられる基本的な軍艦となった。ナポレオン戦争期に最も劇的だったのは、間違いなくジョン・ムーアの陸軍部隊が、一八〇九年一月にスペインのラ・コルーニャ港から撤退したことだった。海軍の支援も、半島戦争における大同盟軍の最終的勝利に必要不可欠な要素の一つだった。ウェリントンの陸軍部隊が、リスボンの周りのトレス・ヴェドラス堡塁線まで退却したとき、生き延びることができたのは、北アメリカからの穀物、北アフリカからの畜牛、ベンガルからの硝石を運ぶことによって、四十二万人の兵士と民間人に食糧と物資を補給できたためであった。一八〇八年から一八一三年にかけて、海軍は正規軍だけでなく、スペインのゲリラ兵にも武器を提供すべく、マスケット銃、ピストル、弾薬筒、砲弾の安定した補給を維持した。ウェリントンは「海洋での優位のおかげで、私は陸軍を維持できているが、敵はそうすることができない」と述べて、海軍の役割を認めている。

　イギリス軍は、二つの主要な問題に直面していた。すなわち英国海軍は、常に軍艦に人員を充当する困難に直面しており、また海上での絶え間ない軍事行動で軍艦が摩損していたのである。後者は、地味ではあるものの、海軍の最大の手柄が主な原因で生じた。つまり、断固としたフランス沿岸の封鎖が、難破と損傷を引き起こしたのである。トラファルガル海戦の時点で、戦列艦百三十六隻のうち八十三隻しか使用できない状態に陥っていた。一八〇五年一月、海軍本部書記官のウィリアム・マースデンは、「平和で、船渠に私たちの船を係留できたらいいのに。私たちの船は、総選挙のときの早馬のように消耗している」と嘆いている。政府は集中的な造船計画で対応したほか、拿捕した敵船も用いた。海軍の総軍艦数の少なくとも四分の一は、常に拿捕船が占めていた。海軍は、戦争遂行に全力を注ぐにつれて、四年以内に航海に耐える戦列艦を百十三隻持つに至り、一七九三年以降三倍になっていた五百九十六隻の巡洋艦《クルーザー》がこれに加わった。一国の海軍が世界の戦艦の半分を展開したのは、第二次世界大戦以前にはこのたった一度だけである（一九四五年にアメリカ合衆国の海軍がこれを上回っている）。

　海軍は恒常的な人手不足に悩まされていたが、その理由は想像に難くない。身を守るため、厳格な規律が自然と嫌悪感を生んだため、商船と私掠船の方が高い報酬率を提示していたため、従軍が忌避されたのである。戦時には母国に、というよりもそもそも陸地にさえいられない状況が、とても長く続くことがあった。数カ月にわたって――数年に及ぶこともある――寄港することなく、海上にいるかもしれないのである。それでも、水兵の約三分の二は、他のヨーロッパ諸国の海軍からの脱走兵や、奴隷状態から逃げ出した黒人などの志願兵だった。志願兵は、敵船捕獲に対する懸賞金の約束に引き寄せられたのだが、分け前の大部分は将校が独占した。犯罪者は新兵として受け入れられなかったが、債務者にとっては、海軍入隊が牢獄から抜け出す一つの手段だった。というのも、もし負債額が合計二十ポンド未満だった場合、海軍本部が肩代わりしたからである。しかし、決して十分な志願兵がいたわけではないので、一七九三年に強制徴募隊《インプレス・サーヴィス》が創設され、強引さの程度は様々だったが、イギリスの港で「説得」を行った。確かに不当なものであったが、これによって英国海軍の船は（人手不足を完全に解消することはできなかったものの）人員がかなり充当されるようになった。戦列艦からの一団が帰港した商船の船員を捕まえた。一方陸上では、将校が（たいてい居酒屋に）指令所を設けて、そこに志願兵が収容され、強制徴募《プレス》されたもっと不運な者たちが閉じ込められた。連絡船と呼ばれる小さな補助艦が、新兵をポーツマス、プリマス、ノアの海軍基地に運ぶために港に停泊した。そのあいだ、ごろつきのような水兵たちが送り出され、新兵を見つけるごとに報奨金を受け取るという取り決めのもと、人々を説得し、丸め込み、無理やり従軍させようとした。圧力を受けたのは、たいてい船乗りの技術を持つ人々だった。しばしば船乗りの経験者が狙われたのは、海や船に不慣れな人よりも、船乗りの方が懸賞金が高かったからである。実際には、暴力が用いられることは稀であったが、強制徴募隊《プレス・ギャング》の港への到着は、確かに緊張が高まる瞬間だった。

大衆の秩序を懸念する治安判事は、新兵徴募担当者を妨げるのに全力を尽くし、ときには将校を刑務所に放り込むことさえあった。社会で最も影響力を欠く人々が狙われる傾向にあったが、それでも地元の強い反対が起こっている。強制徴募隊《インプレス・サーヴィス》のウィリアム・ヘンリー・ディロン中尉は、一八〇三年のハルにおける気が滅入るような仕事について、次のように述べている。

この嫌な職務を遂行するにあたって、すぐに私は群衆の敵意にさらされた。あるときには、おびただしい数の罵言を浴びせられ、またあるときには、夜に私がテーブルで読書をしていたとき、部屋にマスケット銃かピストルの一斉射撃を受けた。

逆説的ではあるが、このような反対は戦争それ自体への支援と並存していた。もっともなことだが、人々は戦争のために故郷や仕事を捨てたくなかったし、自分たちの地域社会の貴重な構成員を戦争に送ることで失いたくなかったのである。治安判事は、強制徴募隊《インプレス・サーヴィス》の到来を貧民と下級犯罪者を取り除く好機とみなすこともあったが、ごろつきのような者たちに彼らを受け入れるよう説得するのは容易ではなかった。

海上の戦艦のような隔離された世界で、このように嫌々寄せ集められた者たちに、木造船を操縦し、戦闘時に持ち場を離れないという骨の折れる肉体労働を強いるには鞭打ちが必要だ、という考えにも一理ある。しかし、「海上強制収容所のようなもの」という十八世紀の軍艦のイメージは誇張されてきた。実際はそうではなく、イギリス海軍はブリテン社会の写しであった。鎮圧、譲歩、風紀統制、「下からの」黙認を組み合わせて統治するヒエラルキーによって管理されていたのである。イギリス社会には「乱雑な結束」があったと主張する歴史家がいるが——異議を唱える声もある——、海軍史家ニコラス・ロジャーが示唆するように、この言葉は海軍自体をうまく言い表している。今日の艦隊の整然とした基準に照らせば、海軍生活は無秩序だったけれども、水兵たちが戦ったのは、懲罰の残忍さを恐れていたというよりも、将校たちと共有していた強い目的意識や、待ち受ける危険に対する認識に拠っていた。このような状況では、残忍な将校は無力で無能だった。暴力を通して従わせることしかできないからである。

いずれにせよ、厳罰を科すのは容易ではなかった。規則（陸海軍懲罰・訴訟法《アーティクルズ・オブ・ウォー》）によれば、大尉が科せる最も重い刑罰は、十二回の鞭打ちだった。それ以上の刑罰は、時間がかかるうえに結果が予測できない軍法会議の手続きを必要とし、また、この裁判は判決を下すのにかなり躊躇した。軍法会議は、二十種類の違反行為に対して死刑を科すことができたが（脱走、将校に対する暴力が含まれる）、実際のところ、これは陸上でイギリスの民間人に適用される残忍な裁判よりも緩慢なものだった。民間人は、二百種類もの犯罪に対して絞首台に吊るされることがあったのである。死刑以外の刑罰（例えば数百回の鞭打ち）を軽い刑罰ということはできないが、海軍軍法会議は、二つの違反行為に対してのみ死刑を科す傾向があった。殺人と（おそらく宗教信仰を反映して）男色である。しかし一般的に、艦長は執拗な暴力行使よりも、従順さこそが生き残る最善の道だという兵士たちの考えに頼っていた。もし、兵士たちが鞭で操られる思考しない獣になってしまうと、船は正常に機能しえなかった。海戦では自発的な行動が大いに必要とされたからである。規律に対する取り組みの観点で模範的な司令官として、一八〇一年のイギリスの快速帆走軍艦《フリゲート》レボリュシオネールのトゥウィスデン艦長を挙げることができるだろう。

彼の船は秩序と規律の一つの手本であり、見事な人員配置がなされていた。彼は、船にも乗組員にも、然るべき誇りを持っていた。……トゥウィスデン艦長は、私が知っているはるかに無能な幾人かの将校たちと違って、頻繁に罰したり、厳しく罰したりすることがなかった。彼の規律維持の手法は規則正しく、体系的であり、決して思いつきや気まぐれではなかった。

フランスの陸軍将校が、積極性、勇敢さ、先導力で有名であるように、イギリス海軍にも、そのような将校がいた。船と兵士たちへの信頼が、英国海軍式の熱情的で断固とした指揮を育んだのであり、英国海軍は各司令官の個人的先導力にかなり頼っていた。トラファルガル海戦前夜に、ネルソンは将校に対して、戦闘の煙と混乱状態のなかで、旗艦からの合図が見えにくいときに好機が訪れたら、自らの判断でそれをつかみにいくようはっきりと命じ、「自艦を敵艦と接舷させるとき、艦長が大きな間違いを犯すことはない」と述べて、艦長たちを信頼していたのである。

フランスとスペインの海軍

英国海軍と同じように、フランスとスペインの海軍も構造的な問題に苦しんだが、それを克服するのはより一層困難だった。フランス海軍では、人員と物資が不足していた。フランスは海で深刻な損傷を受けたが、代替する必要な資源が不足しており、イギリスの大陸封鎖によって、黒海とバルト海から木材、索具装置、帆布を輸入できなかった。王政時代に、木材、ロープ、その他の物資を大量に備蓄していたのだが、一七九三年にイギリス軍がトゥロン港を占領し、海軍工廠を焼き尽くし、十三隻の戦列艦を曳航したとき、トゥロンの地中海艦隊のための全備蓄が燃やされた。一七九五年の時点で、フランスの造船業者は、もはや大型艦を建造するのに十分な木材を持っていなかった。一八〇五年には、イギリス軍は、自分たちも問題を抱えているにもかかわらず、フランスとスペインの連合軍に二倍も人数で勝っていた。しばらくのあいだ、フランスでは、人口規模にもかかわらず、船乗りになる人の数が少なかった。とりわけ依然として農業経済が中心であり、海軍兵士の一般的な養成コースとなる遠洋漁業と海運業が比較的小規模だったためである。一七八九年の時点で、フランスには訓練を受けた水兵の予備人員が全部で六万人しかいなかった。それゆえに、旧体制期にも、革命期にも、慢性的な人員不足に苦しんだ。新兵徴募は体系立てられていたものの、十分ではなかった。フランス軍は数十隻の船を所有していたが、それらを適切に操縦できる人員が不足していたのである。海港都市・村の全員が名簿に登録され、「クラス」に分類された。三―五年ごとに、各「クラス」は海で一年間の従軍を義務づけられた。理屈のうえでは、訓練を受けた予備人員が海軍に提供されるはずだったが、実際のところ、この徴集形態は嫌われるばかりでほとんど効果がなかった。人々が回避する手段を見つけたからである。革命期にはこの制度が維持されたが、根底にある問題に取り組むことはほとんどなかった。一七九三年から一七九四年の恐怖政治期には、すべての船乗りと海洋労働者が徴兵適格者とされたが、このような措置は海軍に船乗り経験者を提供するのが関の山だった。イギリスの封鎖がとても有効だったため、イギリスは公海で新兵の「実地」訓練ができたけれども、一七九五年七月にブレストを出港したフランス小艦隊の乗組員の三分の二が、それまで海に出たことのない者だった。このような状況にあって、戦いで経験豊富な者たちを失うのは、壊滅的な損失だった（一七九四年の「栄光の六月一日」および一七九八年のアブキール湾の戦いで、十パーセントの人員を失っている）。

フランスとスペインの水兵たちは、技量不足と実践不足だけでなく、海上砲撃をほとんど経験したことがなかった。これは、敵国イギリスとの技術的な違いと関連している。イギリスの大砲が火打ち式だったのに対して、フランスとスペインの海軍はゆっくりと燃焼する火縄を使用していたのである。それゆえ正確な砲撃時間を予測できず、波に揺られながら進む船から大砲の狙いをつけることが不可能だった。フランスの砲手たちは慣例として、敵艦の船体を砲撃するのではなく、索具装置を狙って敵艦を使用不能にしていたが、司令官のなかには、これを悪習だと見始める向きもあった。フランス海軍の経験豊富な者が、しばしば私掠船から徴募されていたという事実に鑑みれば、これは本能的なものだったかもしれない。というのも、フランスの私掠船は、敵船に追われたとき、いつも敵船の帆と索具装置を撃って、追っ手の速度を落とそうとしたのである。幾人かの艦長は、数百発を無駄にするこの習慣を断ち切ろうとしたが、ほとんど成功しなかった。次のような話が出回っている。フランスの砲弾が実際に敵艦の船体を突き破ったとき、イギリス人水兵は唖然として、船の側面のひどい裂け目に立ち、ショックから立ち直って、「なんということだ。ここが最も安全だろう。なぜなら、奴らは決して同じ穴に二発も打てないだろうから」と冗談を言ったというのである。反対に、イギリス軍はいつも船体を砲撃した。敵の砲手を大量に殺し、士気を下げることができたからである。また、帆と索具装置を損傷させないため、船を捕らえたとき、拿捕船として帆走させることができた。さらに、イギリスの大砲は、下に向けることで何らかの対象に命中する可能性が高く、砲弾が敵の帆と索具装置を傷つけることなく素通りすることはありえなかった。

これらの問題に加えて、フランス革命期には、ブルボン王政から継承した経験豊富な将校団が崩壊して、規律が崩れたとしばしば非難されてきた。確かに、フランス革命の最初の数年間には、上官に対する反乱や不服従の機運が漂っており、一七九一年までに、士気の下がった将校の多くがフランス海軍を去っている。同年十月には、フランス大西洋艦隊の本拠地ブレストを拠点とする将校の四十七パーセントが、許可なく軍を去った。百七十人の艦長のうち、一七九二年の戦争勃発まで残っていたのは四十二人だけである。このフランス将校団の解体は、フランス共和国がグレート・ブリテン島の海洋支配力とまさに直接対決しようとするとき、海軍の力を深刻なまでに弱めてしまった。一七九一年四月、革命政府はこの危機に対応すべく、五年間海で過ごした経験を持つ船乗り全員が海軍将校の役職に就けるようにした。この主たる目的は、商船から将校を引き抜くことにあった。後代の海軍史家たちは、一般の船乗りを受け入れたことは、フランス海軍のプロフェッショナリズムを損なったと主張している。しかし、長期的観点で見れば、負の側面を誇張すべきではない。職業軍人の高位将校団は、脱走と欠勤によってかなり少数になったが、旧海軍の大尉五百三十人のうち、三百五十六人が職位にとどまり、トラファルガル海戦までの約十年間のあいだに素早く昇級した。一八〇五年の軍事行動の主役たち――ヴィルヌーヴ、ロジリ、ドゥクレ、ミシエシ――は、一七八九年には全員大尉だった。将校団に引き抜かれた商船の船乗りが、大型の軍艦を操縦した経験を持っていなかったのは事実だが、訓練する機会が与えられれば、彼らはそれを学んだかもしれない。だが、彼らがその機会を手にすることは一度もなかった。一七九三年以降、フランス沿岸が英国海軍に封鎖されていたからである。

一七九〇年八月、国民議会は海軍向けの刑法を導入して、軍艦に必要な規律を維持しながらも、軽微な違反に対するいくつかの厳罰を緩和しようとした。艦長が乗組員に対して行使する独裁権限のいくつかを取り除き、刑罰は違反行為に応じて正式に調整された。いくつかの規律違反では、水兵たちは同輩の判事によって裁かれた。その他の違反については、軍法会議で聴取された。しかしながら、（陸軍で一七八九年に廃止された）鞭打ち、ガントレット、キールハウリングという受刑者が桁端の先に紐で縛り付けられ、そこから繰り返し海に突き落とされる刑罰など、いくつかの最も厳しい刑罰が維持された。軽微な違反であっても、刑罰は依然として、帆にくくりつけるとか、足枷で拘束するなどの措置をともなっていた。フランス人水兵のなかには、海軍司法のもっと抜本的な改革をはっきりと期待していた者がおり、彼らの幻滅は九月にブレスト沖の停泊地で起こった反乱で表明された。水兵たちの怒りの矛先は、より厳しい刑罰であり、とりわけ屈辱的だと考える刑罰に向けられた。例えば、鎖をひきずって歩きづらくする足枷は、ブレストのガレー船で働く漕刑囚がつけている鎖になぞらえられている。議会は反乱に応じて法を修正し、厳しい刑罰を削除した。それにもかかわらず、地方当局や政治クラブといった陸地からの干渉が、水兵たちの反発を招いた。

恐怖政治期には、規律を復活させるためにあらゆる努力がなされた。将校の反革命と兵士の断固とした規律違反には、死刑が科された。例えば一七九四年一月、四人の反逆者が、集結した艦隊の前で、ブレストの停泊地の艀に建てられたギロチン台で首を刎ねられている。政府の海軍担当官ジャンボン・サン＝タンドレは新しい刑法を課したが、手枷や足枷での拘束、鞭打ち、投獄、ギロチンなどを含む、反抗的な態度や不服従に対する最も厳しい刑罰は維持された。革命政府はまた、パトリオティズム熱で水兵たちを奮い立たせようとした。

規律がとれて士気が高くとも、物資の供給がなくては話にならない。海軍が必要とする稀少な資源の供給は、恐怖政治とそれに結びついた経済制裁によって初めて維持できた。一七九〇年代半ばのフランス経済は、すでに大陸における戦争の需要を満たすために奮闘していたのである。一七九三年から一七九四年にかけて、フランスの陸軍と海軍の両方の要求を満たすためには、弱体化したフランス経済に圧力をかける、つまり恐怖を用いて住民を統治するしかなかった。しかし、テルミドール派（ジャコバン派を倒し、一七九四年七月に恐怖政治を終わらせた共和主義者たち）は、革命独裁と結びついた厳格な措置を維持する気がなかった。彼らは結果的に、途上にあった共和国の革命海軍建設を妨げたと言えるかもしれない。

フランスは戦争によって両方から圧力を受けたわけだが、これはフランスにとってのさらなる大きな頭痛の種となっており、おそらくフランスが自由に使える資源を持っていたにもかかわらず、決してイギリスと肩を並べることができなかった主な理由であろう。つまり地理的な条件によって、フランスはイギリスと異なって「両生類」であること、すなわち大陸国家であると同時に海洋国家でもあらねばならなかったのである。両方に力を注ぎたいという政治的望みは常にあったが、そのために必要なものを十分に持ち合わせていなかった。革命戦争とナポレオン戦争のあいだ、フランスの戦争遂行は莫大な人、金、物資を必要とし、これは西ヨーロッパおよび南ヨーロッパの征服地を搾取することによってしか満たせなかったが、この搾取は海軍にはあまり役に立たなかった。というのも、征服地は海軍物資の良い供給地ではなく、海軍の供給品はバルト海と黒海からもたらされていたからである。いずれにせよ、これにともなう膨張主義によって、とりわけナポレオンの時代に、ヨーロッパの列強がイギリスの支援を受けてフランスの勢いを削ごうとするのに対し、フランスは、より一層深く大陸戦争に踏み込んでいった。自由に使える資源や政治的手腕にもかかわらず、フランスは海洋国家か陸上国家のどちらかになることしかできなかった。両方になることはできなかったのである。

スペイン艦隊も似たような構造的問題に苦しんだ。一例をあげれば、長い海岸線を持っているのにもかかわらず、絶えず人手不足に直面していた。一七三七年に設けられた制度では、船乗りや船大工として働いた者は誰でも、遠洋漁業や海運商業などの文民活動に従事した者さえ、名簿（海員登録台帳《マトリクラ・デル・マール》）に登録しなくてはならず、彼らは戦時に召集されえた。その代わり、あらゆる軍隊の徴兵から免除された。フランス戦争までに、登録人数は六万五千人に急騰したように見えたが、スペイン海軍に人員を充当するには不十分であった。政府は十一万人が必要だと見積もっていたのである。しかも、スペインでは依然として、漁師、商船の船員、造船工が必要だったので、登録者全員を徴集できるわけではなかった。もっと悪いことに、戦争勃発時に登録者数が減少しただけでなく、すでに名簿に登録している人々が雪崩れるように逃亡した。

その結果一八〇八年の時点で、登録者数は四万千人にまで減少した。

人手不足は、しっかりとした訓練を受けていない者（そもそも訓練する時間があればだが）やまったく船を操縦した経験がない者たちによって補われた。カスティーリャとエストレマドゥーラのような場所出身の貧しい羊飼いと土地を持たない小作人たちである。イギリスの砲手が三十二ポンド砲を装填し、発射し、掃除し、再装填するのに九十秒を要したのに対して、スペインの砲手は五分かかった。コンデ・デ・レグラ号の艦長は、五百人の乗組員のうち、外洋での経験を持っていたのはわずか六十人だけで、残りは沿岸の漁師や「訓練を受けていない、あるいは船の索具装置や船上の所定の手順をまったく理解していない」船乗りだったと苦言を呈している。しかも、彼らを教育する時間などまったくなかった。黄熱病によってスペインの港が荒廃し、もとから不足していた新兵要員が大量に失われたため、トラファルガル海戦前夜の状況は絶望的だった。

また、海軍の備蓄も不足していた。スペインは、アストゥリアスの森から船体に用いる大部分のオーク材を調達することができたが、樹脂、タール、ピッチ、ロープ、鉄の入手に深刻な問題を抱えていた。これらはロシアとスウェーデンから輸入せねばならず、一七九六年から一八〇八年までスペインがフランスと同盟関係にあるあいだ、一八〇二年から一八〇三年までの短い平和の期間を除いて、イギリスの封鎖によって供給が停止したのである。状況は、いつもこれほど厳しかったわけではない。自らの帝国と連携が取れたとき、スペインは優れた船を造れたのである。ハバナの植民地の港では、ヨーロッパのオーク材やブナ材ではなく、マホガニー材やチーク材などの耐久性のある熱帯の木材を用いることで、世界最強の戦列艦が数隻建造されている。サンティシマ・トリニダード号はトラファルガルでイギリスに拿捕され、その後の嵐で沈没したが、この船は当時最大の軍艦だった。しかし、多くの長所にもかかわらず、スペイン艦隊は、南北アメリカ大陸や太平洋におけるスペインの海を隔てた帝国を防衛すること、交易路を守ること、ヨーロッパ海域の戦争を担うことなど、膨大な量の任務をこなせるほど大規模ではなかったし、人員も適切に充当されていなかった。

戦闘

海軍の戦闘では、すべての人間が神経を限界まですり減らした。身体的危険は、とても身近なものだった。十八世紀の三層甲板の軍艦は、一斉射撃を行う毎に二分の一トンの金属を敵艦の船体に送り込んだのである（図9を参照）。海軍の接近戦における至近距離の射程では、これは壊滅的だった。弾筒から放たれた砲弾、ギザギザの木片、鉄の欠片は、砲列甲板の狭い空間を通って、予想できない軌道を描いて飛んでいった。金属の砲弾は、最終的に勢いがなくなるまで、甲板のあいだを跳ね回ったとされる。殺すのに人に命中させる必要はなかった。というのも、近くを通り過ぎる衝撃だけで同じ結果をもたらしたのである。大砲の衝撃は、耳が聞こ

図９　この 19 世紀の石版画は、畏怖の念を起こさせるような戦列艦の力を描いている。

えなくなるほどだった。接近戦では、兵士たちは頭部を布で覆うことによって耳を守ろうとしたが、一生聴覚を失うこともあった。これらすべてが、砲列甲板のほぼ真っ暗ななかで経験された。あるイギリスの著述家によれば、「まるで、煤煙で黒くなった冥界の全住人が抜け出して、発狂しているよう」だった。艦砲の穴から注がれるかすかな光は、大砲の砲身によってかき消された――接近した場合には、敵艦の船体にかき消された。船内では、砲撃によって、またときには木材と帆が燃えることによって、硫黄の煙が充満した。砲口が瞬くときの瞬間的な光が、地獄の光景をさらに際立たせた。外の雰囲気も、同様に異様だった。「煙が多くの黒い鉄の口から飛び出し、丘や山のように隆起するまで、素早く太い輪を描く。また死のダーツの鋭い赤色の舌が次々と閃光を放ち、炎と混じり合う。煙が荘厳な美しさでカーテンのように捲れ上がっていく」。殺傷が落ち着く前に、死傷者が砲架の残骸のなかに横たわり、瓦礫の下で身動きが取れず、また、むき出しになった後甲板では、倒れた帆柱に押しつぶされたり、ズタズタになった索具装置や帆に絡まったりしている。軍医の持ち場では手足が切断され、血が甲板中に滲み出ていき、まさに人体切断と苦痛の場所だった。「そして時折、大砲の音が途切れて、負傷者のうめき声が、絶えず繰り返される「フレー、フレー、フレー」という漏れ聞こえる叫び声と混ざりあう。荒波が声を合わせて立ち上がり、忍耐強く、落ち着き払った、意識のない海の微笑みを流し去る。硫黄と炎、苦悶、死と恐怖が、そのただなかで饗宴を繰り広げるのだ」。

第七章　人民戦争

陸戦と海戦は、戦争の恐怖を完全に感じられる苛酷な場であり、紛争の規模は、二十世紀の「総力戦《トータル・ウォー》」における恐るべき苦難の前触れであった。人民を戦争に動員しようという戦争遂行国の試みも、同じく先駆けとなった。本書ではフランス軍の熱心な努力を見てきたが、敵も同じように人民を動員しようとしたのである。クラウゼヴィッツは一八一二年に、いまや「王同士でも、軍隊同士でもなく、人民同士が戦争しているのだ」という見解を述べている。政府、教会、知識人、新聞、文化組織が、様々な手段で人民を戦争に駆り立てようとしたが、多くの旧体制国家の政治家たちが目にしたように、群衆を駆り立てるのには危険がともなった。役人のなかには、ナポレオンの猛攻撃を生き延びる唯一の道は、自分たちの敵である革命の諸改革をいくつか採用することだと主張する者がいた。プロイセンの改革者グナイゼナウは、次のように述べている。「革命は、社会的・政治的に平等な土台に基づいて全フランス人民を始動させ、これによって従来の勢力均衡を崩壊させた。他国が勢力均衡を再建しようと望むなら、同じ資源を用いなくてはならない」。すなわち、「革命の武器庫」から武器を借りねばならない、と付け加えている。

しかしながら、主要な戦争遂行国はみな改革を実施したけれども、その程度は国によって大きく異なっており、ほとんどの場合、社会的・政治的な基本構造は変わらないまま残った。軍隊でさえ、抜本的に改革されたというよりも、一時しのぎで修繕されたに過ぎなかった。ヨーロッパの政治家の大多数は、原形をとどめないほどに旧体制を変えようと望んでいたわけではなく、ましてや絶対王政を廃止しようなどとはまったく考えていなかった。いくつかの変革の着想は戦争に先立つもので、一七八九年以前の「啓蒙絶対主義」の遺産から生じたものである。また、政府は既得権益と対峙しており、例えば、貴族や教会はしばしば改革を妨げるほどの力を持っていた。最も抜本的な計画はプロイセンで生じている。これは一八〇六年のイエナにおける屈辱的な敗北への対応という側面もあるが、フリードリヒ大王の時代からの啓蒙改革の伝統とも結びついていた。

プロイセンが大同盟の最終的な勝利に大いに貢献したことは確かだが、保守的な姿勢を崩さなかったオーストリアとロシアの軍事努力も同じくらい重要であり、おそらくこれなくして勝利はなかっただろう。一八一二年以降、粘り強さ、軍事介入、外交におけるリーダーシップといった観点から、ナポレオン打倒に対するロシアの貢献は、他のあらゆる同盟国の努力をほとんど凌駕していた。ロシア軍の動員規模を上回ったのは、一八一三年後半から一八一四年にかけてのオーストリアだけである。このことはナポレオンが、徹底的な改革を断行した相手にではなく、根本的に変わらないままだった旧体制国家に最終的敗北を喫したということを示唆している。また、どれほどパトリオティズムが大同盟の最終的勝利の要因であったのかについても疑問を抱かせる。

ナショナリズムを、民族的・政治的アイデンティティの感覚を共有する特定の人々に向けられた忠誠心として、これに国民は可能な限り統一され、独立しているべきだという考えが合わさったと幅広く定義すれば、ナショナリズムは、確かに当時ナポレオンに対応するにあたって表明されている。しかし、ナショナリズムを頻繁に語ったのは、民衆に読まれることをあまり意図せずに思索した知識人たちであった。例えば、一八〇七年―〇八年の冬のヨハン・ゴットリープ・フィヒテのベルリン演説は、しばしばドイツ・ナショナリズムの大号令として捉えられるけれども、彼が語りかけていたのはプロイセンの知的エリートたち、すなわち「貴重な国民的特質の主要かつ直接的代表者」であった。フィヒテにとって、下層階級の群衆は、長期間にわたる国民教育課程を経て、「人民《フォルク》」の一部になるだけだった。いくつかの顕著な例外こそあれ、ヨーロッパのエリートは、一般的に人民を動員することに慎重だった。というのも、旧体制にどのような結果をもたらすのか予測できなかったからである。昨今の歴史家たちも、人民自身の動機としてナショナリズムを強調するのに、ますます慎重になっている。歴史家たちが、何のために人民は戦う気になったのか、また何のために戦っていると考えたのかを調べるなかで明らかになったのは、戦争はいたるところでアイデンティティをはっきりと浮かび上がらせたものの、これが国民の一体性や独立への本格的渇望に突き動かされた抵抗に発展することは、滅多になかったということである。人民が抱いていたのは、むしろ教会、王、地方、あるいは町などに対する、より古い敬愛の念であった。一八〇八年以降のスペインの抵抗は、当時の人々に、民衆蜂起がフランスに対して何ができるのかを示したが、同時に「群衆」の破壊力についての偏見を強めた。

スペイン

一八〇八年から一八一四年にかけてのナポレオンに対するスペインの闘争は「独立戦争」として記憶されているが、この言葉には、フランスの支配から国民の自由を求める戦いという含意がある。半島戦争は確かにフランス支配からの解放をもたらしたし、いくつかの蜂起には政治的志向があった。一八一〇年に地方評議会《フンタ》によって召集され、委員会投票で選出されたスペインの議会コルテスである。カディスで開かれたコルテスは、出版の自由や異端審問（その時まで主に検閲制度として機能していた）の廃止など、スペインの旧体制を攻撃する一連の法を可決した。この改革は、一八一二年憲法で最高潮に達した。憲法は、最初の三カ条で「スペイン国民は自由で独立している……権限は本質的に国民にある」とはっきり宣言し、立憲王政を創造した。しかし、議会が闘争に自由主義的な性格を付与しようとしたからといって、人民全体がそれに気づいたのかはまったく別問題である。「不屈の男《エル・エンペシナード》」の異名をとるファン・マルティン・ディエスのような有名なゲリラ指導者たちが、一八一四年に勝利者として現れ、自分たちの動機を復讐心、名誉、パトリオティズムの激烈な組み合わせとして説明したときに創られた神話は、近年のゲリラ戦についての研究によって容赦なく取り除かれた。

ゲリラ兵たちが、コルテスの自由主義者たちと同じ未来像を描いていた可能性は低く、また、教会にも国王にも無関心であったようだ。実際に、多くの部隊が教会を不法占拠することで生き延びている。大部分のゲリラ指導者たちは蓄財と出世のために戦ったのであり、これは、彼らがカディスからの政治的指導にかなり反抗的だった理由を説明しているだろう。実際に蓄財や出世に成功した者はゲリラ兵となるのをやめて正規軍に加わったが、これはゲリラの下士官と兵卒から不評を買う選択肢だった。歴史家マイケル・ブロアーズは、ゲリラ指導者の多くが、正式な職位、正統性、社会的体裁を求めて、コルテスからの正式な辞令を要求したものの、実際に最も新兵徴募に成功したのは、略奪や強奪に最も長けた者たちだったと明らかにした。

ゲリラ兵の多くは、自分たちはスペインのためではなく、自分たちの地方や村のために戦っていると感じていた程度だった（それゆえに、自分の地方の外では従軍しなかった）。それでも、歴史家チャールズ・エスデイルの研究が示すように、彼らは自分たちの地域社会を略奪することを厭わなかった――実際彼らは、追い剝ぎより少しましなくらいだった（図10を参照）。戦争によって、危険も大きいが見返りも大きい山賊行為をする機会が生まれた。すべてのゲリラ兵

図 10　ゴヤの銅版画は、スペインのゲリラ兵のかなり曖昧な動機を表している。

がもともと犯罪行為に手を染めていたわけではなく、フランス人の残虐さによって全面的な反乱へと追いやられ、その結果、強奪が彼らの文化の一部、生き残りの手段にさえなったのであり、もともとの動機ではなかった。ブロアーズが示唆するように、おそらく一連のゲリラ指導者たちを結びつけるものは――彼らの動機がどうであれ――、「名誉や復讐といった共有された文化であり、これがリーダーシップの一定のスタイルを生んだ」のだが、フランス人に与えた恐怖をスペイン人には与えないという特徴があった。

　歴史家たちは、ウェリントン麾下のイギリス＝ポルトガル連合軍がフランスを打ち破るにあたって、ゲリラ兵がどれほど貢献したのかについても疑問を抱いている。確かに、彼らはフランス側に十八万人もの死傷者をもたらし、フランス軍の動きを封じ、大同盟国に情報を提供し、連携を妨げたかもしれない。しかし必要な時に、フランスが大同盟に対して軍隊を集中させることをまったく防げなかったと指摘されている。綿密な査察を終えたウェリントンは、次のように記している。「ゲリラ兵は活発で意欲的であり、一般的に彼らの行動は敵に著しい迷惑をもたらす。だが、あまりにも規律を欠いていて、フランスの部隊がかなり少人数でない限り、彼らに対して何もできない」。

しかし、フランス側の史料は、彼らが厄介者以上の存在であったことを示している。歴史家ジョン・トーンが示唆するように、両者のあいだで残虐行為と復讐が果てしなく繰り返されることで、ゲリラ兵たちが「英雄」であるか「悪者」であるかにかかわらず、フランスの市民統治の通常システム――憲兵隊、文民統制、下級法廷――が機能不全に陥ったのである。また、ゲリラのせいで、フランス軍は、大同盟の正規軍に対して軍事作戦を実行するための安定した中枢基地をスペインに得られなかった。ゲリラ戦は国民解放の戦争でも、教会と王のための闘争でもなかったものの、フランス人にとっては、やはり消耗させられる戦争だったのである。

プロイセンとオーストリア

プロイセンの経験は、まったく異なった。プロイセン改革の主要な発起人カール・フォン・

シュタインとカール・フォン・ハルデンベルクの目的は、国王と官僚の権限を縮小することなく、失墜した国家を若返らせて、彼らが安全と考える限りにおいて、各臣民に最大限の市民的自由を与え、民衆の支援を呼び覚ますことだった。一八〇七年九月、ベルリンの街にフランス軍の軍靴が響き渡ったとき、ハルデンベルクはリガから、改革は「下から、あるいは外からの暴力的な衝撃を通すことなく、政府の知恵を通じてなされる……積極的な革命」になると宣言した。

シュタインとハルデンベルクは、改革と王制に対する民衆の支援を獲得するためには、民衆をある程度政治に参加させる必要があると認めた。彼らは憲法の導入について議論している。というのも、シュタインが一八〇七年六月に書いているように、「国民には多くの欠点があるが、彼らは高貴なエネルギー、勇気、祖国と自由のために自己犠牲を払うことを厭わない精神を持っている」からである。しかし、国王フリードリヒ・ヴィルヘルム三世にとって、憲法制定は行き過ぎであり、導入されなかった。だが、他の重要な改革は実施された。例えば、一八〇七年の十月王令によって、一八一〇年十一月から農奴制を廃止することが宣言された。土地所有に関するあらゆる制約を撤廃し、地方行政を改革し、ユダヤ人により広範な市民権を付与し、ギルドの権限を縮小し、税制度を抜本的に見直した。ただし軍隊改革では、フランスの国民皆兵制を模範とする、ゲルハルト・フォン・シャルンホストの国民軍《フォルクスアルメ》の構想が実現に至らなかった。フリードリヒ・ヴィルヘルムにとっては、行き過ぎた構想だったのである。

徴兵は、一七一四年に初めて導入されたシステムに基づいて維持された。十八歳から四十歳までの男性健常者が徴兵のために登録することになっており、王国は「徴兵区《カントン》」に分けられて、各々の徴兵区《カントン》が連隊を持った。志願兵だけで必要な新兵数に達しないときには、登録された民間人を徴兵することができた。平時には、徴集兵は基礎訓練の後に解散したが、戦争勃発時に用いられうる予備名簿に載せられた。一七九九年までに、徴兵区《カントン》制度によって、プロイセンは動員可能な二百万人の人員を手にした。プロイセン人兵士を将校の駒ではなく、「市民」に変えようと目指す変革があった。鞭打ちは減らされ、（軍団システムや混合隊形《オルドル・ミクスト》など）いくつかのフランスの慣習が、吟味のうえ採用された。ティルジット条約がプロイセン軍の規模に課した制限（四万二千人）は、クリュンパーシステムによって抜け道が見出され、徴集兵が訓練を受けたうえで予備軍に加えられた。また、国土防衛軍法《ラントヴェーア》によって国民民兵隊が誕生した。これらの結果、一八一三年のライプツィヒの戦いで、プロイセンはナポレオンに対して二十八万人の兵士を向けることができたのである。

改革者たちには、プロイセンのナショナリズムを焚き付ける目的があったが、これはしばしば様々な言葉で表現された。プロイセンの詩人ハインリヒ・フォン・クライストは全ドイツの蜂起が起こり、蜂起後に、フランス人の骨が腐肉食動物に食われてむき出しにされ、景色を白くすると夢想している（図11を参照）。ベルリンでは、フリードリヒ・ヤーンが体操運動を立ち上げ、その構成員は健康かつ柔軟であり、平等と自由を愛するナショナリストでなくてはなら

図 11　当時のドイツを表すイギリスの風刺画では、ナポレオンの顔が死骸で構成されており、トレードマークの帽子は死を運ぶオオガラス、記章は蜘蛛、コートはライプツィヒなど彼の敗北地に印をつけたドイツの地図になっている。

ず、理想の市民＝兵士になるとされた。純粋で素朴かつ平等主義的なドイツ・ナショナリズムは、大学で若いロマン主義者たちの心をつかんだが、他のところでは、大して共感を呼ぶことはなかった。一八一三年に「解放戦争」が起こったとき、大部分のドイツ人、というよりもプロイセン人は、古い形態のパトリオティズムに突き動かされており、個々の王朝や国家（愛邦主義《シュターツパトリオティスムス》）、あるいは特定の地域（愛郷主義《ランデスパトリオティスムス》）にさえ思いをはせていた。しかし、これらの伝統的な忠誠心が、ドイツ・ナショナリズムの出現を妨げることはなかった。プロイセン人は、プロイセン領土になったことのないドイツの諸地域に訴えかけたのである。したがって、ナポレオンに対する抵抗の呼びかけが目覚めさせたのは、プロイセンのパトリオティズムだけではなかった。むしろ、ドイツ解放の言葉を呼びさましたのである。なかには、しばしば歴史ある神聖ローマ帝国の時代を思い起こさせるものもあった。どのようにこの言葉が様々な領邦で使用されたのかについては、宗教の防衛（カトリックやプロテスタント）や「陪臣化」された小さな領邦に対する再建の約束など、依然として地方の関心や忠誠心が影響している。しかし、そのような地方の伝統的な忠誠心は、ますますドイツという言葉で表現されていくようになり、こうしてドイツ・ナショナリズムが強力な魅力を帯びたのである。

　一八一三年の戦争で、プロイセン人全員が熱狂的に政府の呼びかけに応じたわけではない。国土防衛軍《ラントヴェーア》の創設にともなって、東部の多くの小作人たちが徴兵を嫌い、ロシアが占領していたポーランドへ逃亡した。しかし、都市の教養のある若者たちのあいだで、パトリオティズムは間違いなく高揚した。人口の七十五パーセントを占める小作人が、軍隊に志願する者の十八パーセントを提供したのに対して、人口の二パーセントを占める、高等学校や大学の教育を受けて街で暮らす若者たちが、志願兵の十二パーセントを提供したのである。最も印象的なのは、人口の七パーセントを占める都市の職人が、志願兵の四十一パーセントを提供したことである。これらのグループのなかで最も顕著な貢献をしたのは、解放されたばかりのユダヤ人だった。

このようにプロイセンのパトリオティズムは都市型の現象であり、女性も動員されていた。王家の女性たちは「祖国の安寧のための女性協会」を創設して、女性たちに、戦争遂行のために資金、宝飾品、時間を提供するように促した。この組織は、戦争終結までに六百ほどの支部を持った。

プロイセンの「解放」（改革の過程は、ときにこう呼ばれた）は、同程度の規模の他の主要な旧体制国家にまったく模倣されなかった。発想や努力がなかったためではなく、ほぼすべての大同盟国が国内の構造的問題を抱えており、それがプロイセン式の制度改革を妨げ、抑止したのである。この点で最大の困難に直面したのは、オーストリアだった。オーストリアは、特にヴァグラムの戦いのまえの反フランス意識の再燃にあわせて、いくつかの重要な変革を試みた。この戦禍の前夜には、ドイツ・パトリオティズムへの呼びかけがあった。あるハプスブルクの声明は「私たちの大義はドイツの大義だ」と宣言しており、王政の側が、ドイツ語話者の臣民たちのあいだで発展しつつあるドイツのパトリオティズムを利用したのかもしれない。チロルでは、動員が宗教的熱狂を生み出した——奇蹟（例えば処女マリアや聖人の目撃）の報告数が増加している——が、同様に政治的忠誠の力強い発露も生じている。ある小作人の兵士は、「神のため、皇帝のため、宗教と祖国のために戦う」ことを望むと述べている。民主的で権利に基づくフランス人のナショナリズムとは程遠いが、国、国王、信仰の呼びかけは、依然として強力な三大理念だった。

ある点で、オーストリアはプロイセンの先を行った。早くも一八〇八年に国土防衛軍《ラントヴェーア》を創設しているのである。兵士は鞭打ちを受けることが少なくなり、最新の大砲が試みられ、いくつかの軽歩兵大隊の訓練がなされた。一八一一年には、新しい民法典が導入されている。しかし、ウィーンの軍事改革を指導したカール大公でさえ、慎重に恐る恐る一歩を踏み出したに過ぎない。多民族帝国全域のエリートたちが、自分たちの特権に対するいかなる正面攻撃の兆候にも敏感だったからである。多くの町や地方が、歴史的に徴兵を免除されていた。例えばチロルやクロアチアの「軍事辺境」である。これらの地域は、徴兵のかわりに非正規の民兵を提供しており、またハンガリーで兵士を徴集するには、いつも不安定なハンガリー議会の承認を必要とした。ハンガリーには、国土防衛軍《ラントヴェーア》が充てられなかった。というのも、ナポレオンに対してだけではなく、ハプスブルク家に対しても容易に利用されえたからである。一八一二年に議会が税制改革を拒否したとき、皇帝フランツは激怒して議会を解散させた。王政は重い負債を抱えたままで、戦争中に導入された紙幣「バンコツェッテル」の急騰というインフレーションによって、経済は低迷していた。一八〇九年に戦争勃発の可能性が現実味を帯びると、初の国土防衛軍《ラントヴェーア》の大隊のうち、下士官の七十五パーセントまでもが脱走していなくなった。それゆえに、オーストリアが最盛期に四十二万五千人もの軍隊を維持できたことは、なおさら注目すべきことだった。カールは、民衆の反感をなだめる目的で従軍期間を十四年間から十年間に短縮したとはいえ、彼らは通常通り免除や兵役代行を多数ともなう、伝統的な徴兵方法で召集されたのである。

ロシア

オーストリア政府が国民闘争のために人民を動員する構造的な困難に直面していたのに対して、ロシア帝国は二つの巨大な障害に直面していた。第一に、地理的な広大さである。情報伝達は遅く、道はしばしば通行不可能で、国家の役人はまばらにしか配置されていなかった。それゆえに皇帝《ツァーリ》は、農奴から税を徴収し、新兵を徴集するのを、かなり貴族に任せていた。第二の問題は農奴制である。いかなる大きな改革を試みても、この厄介な問題を避けて通ることはできなかった。皇帝《ツァーリ》アレクサンドル一世は、帝国を立憲王政に変え、農奴を解放しようと思い描いていた。これは、フランスに対する敵意ではなく（実際、彼はナポレオンに憧れていた）、彼自身の穏健で漠然とした自由主義的な方針が導いたものだった。彼は、進歩思想を抱く人物ミハイル・スペランスキーが参加する「秘密委員会」を設置した。しかし残念ながら、スペランスキーは一八〇三年の時点で、アレクサンドルが八方塞がりになっていると結論づけた。もし皇帝《ツァーリ》が農奴を解放したら、貴族を遠ざけることになる。というのも、貴族の繁栄はかなり農奴制に立脚しており、体制は貴族の協力に依拠していたのである。反対に、もし皇帝《ツァーリ》が小作人を解放したり教育したりすることなく憲法を与えたら、いかなる立法府も貴族が支配することになり、小作人の解放を阻止するだろう。このようなわけで、ロシア社会の改革はまったくなされなかったが、このことがロシアの資源の動員をより一層印象的なものにした。

ナポレオン戦争では百万人が徴兵されたが、その大部分が農奴であったため、到底彼らが市民の軍隊を構成することはなかった。とても重要なこととして、ロシアの平原には頑健な駿馬が多数生息しており、帝国には世界最大の騎馬の予備があった。あまりうまくいかなかったのは、武器と弾薬の製造だった。ロシアは、大砲に用いる硝石と鉛の蓄えがひどく不足していたため、輸入に依存していた。帝国は鉄の主要な産出国であり、大量の木材を蓄えていたものの、トゥーラ、サンクトペテルブルク、そしてウラル山脈を越えた兵器工場は、決して軍隊が必要とする数のマスケット銃を製造できず、また西欧諸国で製造されている銃の品質にはかなわなかった。おそらくこの理由から、ロシアは、高度に密集した歩兵が銃剣で攻撃するという戦術を採用したのであろう。どの国にも勝る濃密な集中砲撃で援護することで、ロシアの銃の不正確さを補おうとしたのである。ロシアの砲兵隊は、一八〇三年から監察長官を務めたアレクセイ・アラクチェーエフ将軍の主導のもとにいくつかの抜本的な改革を遂げ、一八〇五年までに、ロシアの砲術の性能と可動性は、他国の軍隊に比肩するものになった。一八一二年の時点で、ロシアはヨーロッパにおける最高の騎馬砲兵隊を持っていただろう。

アラクチェーエフはどの史料から察するにも、気難しく、暴虐で、魅力に欠ける人物だったようだが、一八〇八年から一八一〇年まで戦争大臣を務めたとき、哀れな小作人の徴集兵の待遇をいくらか改善している。一八〇八年以降、彼らは予備兵訓練基地に収容されることになった。基地の規律は連隊よりも緩く、熱心な指導員が兵士たちを九カ月にもわたって訓練した。連隊長たちも、鞭打ちの刑を減らし、農奴の徴集兵をもっと人間愛を持って扱おうとした。

農奴制が残存するなかで、ナポレオンとの戦争を「人民戦争」として語ることは、ほとんどありえないことだった。むしろ、ロシア人は神と皇帝《ツァーリ》のために戦っていると教えられた。一八一二年三月、スペランスキーがアレクサンドル一世の国家顧問を解任され、保守思想家のアレクサンドル・シシュコフ提督が後を継いだ。彼は愛国的な声明を起草し、全ロシア人に皇帝《ツァーリ》、祖国、正教の防衛のために立ち上がるよう促した。同じく保守派の愛国者であったモスクワ総督フョードル・ロストプチン伯爵（のちに自分の都市を焼き払ったと噂される）は告示を出して、人民の本能に訴えかけ、外国の侵略者たちに抵抗するように説いた。正教の司祭たちは、小作人たちに、ナポレオンは反キリストの体現者だと説いた。あるロシアの新聞は、フランスに対する群衆蜂起を次のように想像している。「我らの勇敢な小作人たちが、斧、大鎌、ピッチフォーク、槍で武装し、フランス人に襲いかかって戦い、打ち負かし、叩きつけて、信仰と祖国を防衛する」。しかしこれは、まさにエリートが最も恐れていたことであった。なぜなら、彼らは群衆の愛国エネルギーをうまく操作しない限り、あらゆる機会でフランス人ではなく、自分たち自身が犠牲になると理解していたからである。小作人の最後の大反乱の記憶は、依然として新鮮であり、一七七三年のエメリヤン・プガチョフが指揮する蜂起で、政府はロシアの広大な領域の支配を失い、大邸宅が放火され、貴族とその家族が殺害されていた。フランスとの戦争が近づくにつれて、ナポレオンが農奴解放宣言を出し、また蜂起を引き起こすのではないか、という深刻な懸念が生じたのである。

結局、小作人たちの動機をはっきりと識別することは難しいものの、ロシア人民の抵抗は、ナポレオンに対して向けられていた。彼らが、正教の教義への信仰に突き動かされていたことを示す史料がある。三人の子供を軍隊に入れたある小作人は、侵略者たちについて、「悪党たちに私たち正教徒の血を飲ませはしない」と宣言している。ソヴィエトの歴史家たちは、人民がパルチザン闘争に参加した動機としてパトリオティズムを強調した。「パルチザン」という用語は、確かに一八一二年にロシア人が使用しているものの、フランス人落伍者に対する正規の軽騎兵とコサック兵の小規模な分遣隊の使用を意味した。小作人たちは情報を提供し、案内人として援助したが、彼らは部隊の中核を形成しなかった。彼らは民兵隊に従軍したけれども、進んで志願することはできなかった。地主の「所有物」であり、地主が入隊させるか否かを決めたからである。一八一二年七月に緊急措置として設立された民兵隊は、最終的に、軍事行動が続くあいだに約二十三万人の兵士を集めた。実際に小作人の抵抗が活発だったのは、一八一二年夏のナポレオンの進路に最も近い地域である。フランスの食糧調達部隊が食糧と馬の餌を略奪し、村を荒らし回ったために生じたのである。クトゥーゾフ司令官は、ロシア皇帝《ツァーリ》に、小作人がまず森に家族を隠し、そしてフランス人から自分たちの村を守りに戻ると話した。そして、「かなり頻繁なことに、女性までもが」敵を罠にかけて捕らえ、殺すのに協力したとしている。

イギリス

逆説的に聞こえるかもしれないが、イギリス政府は、人民を動員させる異なる困難に直面した。すなわち、人民が自分自身の「自由」をはっきりと意識していたのである。イギリスの一般民衆は、徴兵と常備軍という概念に反感を抱いており、この二つは、ボナパルトのような非道な鬼にしか馴染まないだろうし、自由の身に生まれたイギリス人に対する侮辱だと考えていた。司令官たちは、もちろん何らかの強制的な従軍形態を望んだが、彼らが獲得したのは、民兵隊の拡大が関の山であり、これは徴募くじによって入隊させられるもので、本国での任務しか想定されていなかった。司令官たちは、民兵隊への従軍が人々に十分な軍隊生活の経験をもたらし、正規軍に志願する者が現れることを期待するくらいしかできなかった。一七九三年から一八一五年にかけて、十四万六千人が志願している。また、一八〇四年以降ヨーク公が主導した改革計画があり、一般の兵士の待遇を改善し、またプロフェッショナリズムの感覚を育むことによって、従軍をより魅力的にすることが目指された。さらに、兵士たちが文民生活から引き離され、連隊の誇りに突き動かされるようになるという狙いもあった。これは、フランスの「国民皆兵」の理想と対極をなしている。将校たちは兵士たちに、「自分の部隊を自国のように見なし、将校を自分たちのたったひとりの保護者と見なす」よう命じたのである。カトリックの兵士たちは、より大きな宗教的自由を与えられ（大勢のアイルランド人を新兵として徴集した軍隊において、とても重要だった）、退役兵には年金が約束された。

けれども、イギリスの将軍は、志願兵だけでは軍隊が必要とする兵数をまったく満たすことができないと不満を漏らしていた。連隊は新兵徴募のために汚い手段に頼った。「クリンプ」と呼ばれる暴漢たちが、街路や居酒屋で強制徴募《プレス》の犠牲者を探して、各人を脅迫し、無理やり「志願」させたのである。またスコットランドでは、大地主が、小作人と地主の関係に容赦なく付け込んで、高地地方の住民に従軍するよう圧力をかけた。一八一三年の絶頂期に、イギリス軍は三十三万人を誇ったが、実戦に投入可能な正規兵は、植民地、ブリテン諸島における守備任務とイベリア半島での戦闘（ウェリントンは六万人の兵士しか与えられなかった）に分けられなくてならなかった。しかしイギリス軍は、（相対的な）規模の小ささを能力で補った。奥深く細い二本の隊列で大隊を展開し、マスケット銃の正確な射撃でフランス縦隊が押し寄せるのをくい止められると主張できる軍隊は、イギリス軍の他にはほとんどなかった。いずれにせよ、イギリス陸軍の数字だけを見ていては、イギリス海軍の強さとインドにおける東インド会社の軍隊を見逃してしまう。東インド会社の軍隊は、大部分がインド人兵士で構成されており、一八一五年には、イギリス軍の総兵力が百万人あまりだと見積もられており、他のヨーロッパの列強に引けを取らなかった。

ちょうどフランス人兵士が紛争についての思いを祖国への手紙で書いたように、イギリス人兵士も手紙を書いた。一七九三年に北フランスの国境沿いで戦ったのち、スコットランド人伍長は、母親に「引き続き王と国のために、もっと戦い」たいと書いている。一七九三年から一八一五年の期間に、成人男性の人口のうち十パーセントが正規兵に加わったけれども、志願兵と民兵を計算に入れれば、比率は六分の一に上昇すると見積もられている。熱意は一定ではなかった。侵略の恐れがあった時期には、いつも志願者が国旗のもとに殺到したが（一七九八年と一八〇三年頃）、一八〇四年以後は下落して、一八〇八年のスペイン蜂起の際には、イギリスの新聞が広く報じ、一般大衆が大きな関心を寄せたこともあって急増した。

イギリス政府は大抵、戦争遂行のために住民の支援を当てにすることができた。このような支援は、決して一貫したものではなかったが（実際にはかなり不安定だったはずで、パトリオティズムだけでなく、物的事情や地方政治にも左右された）、常にあった。パトリオティズムは、よりはっきりと〔「イングランド的」なものから〕「イギリス的」なものへと変化していったかもしれない。軍隊の将校と兵士の三分の一がアイルランド人であり、将校の四分の一、兵士の六分の一がスコットランド人だったことを考えると、これはある意味で必然である。しかし、一般民衆の忠誠心を高める価値観もあった。例えば、王政、「古の国制」、帝国とその利益、さらには伝統的な反フランス感情である。全員ではないが、主に中流階級の女性たちが、軍隊に衣服を提供し、戦争遂行や負傷者、未亡人のために資金を集め、精を出して組織的に活動した。何百もの寄付名簿が残っており、一つの名簿のなかにしばしば数百人もの女性の名前を確認できる。また、戦争の終わり頃にイギリスの急進主義が再燃し、政治的権利と大幅に制限された選挙権に基づいていた議会の改革の要求があった。これは、既存の体制に向けられた民衆のパトリオティズムと食い違って見えるかもしれないが、実際には、その直接的産物だった。イギリス人男性も女性も、対仏戦争に動員されることで、市民秩序における権利を主張し、その延長で市民権を要求したのである。

陸地や海上におけるイギリスの軍事行動と比べて、より重要とは言わないまでも、同じくらい重要な戦争への貢献があった。資金提供である。イギリスは、陸軍が小規模で海軍に偏重していたため、フランスの兵力に匹敵しうる大陸の同盟国が支援してくれなければ、勝利できないと気づいていた。イギリスは最初出し惜しんだものの、資金援助によって同盟国を戦争遂行に駆り立てた。政治家のなかには、これを嫌がる者がいた。まるでイギリスがヨーロッパの国々に資金を出して、自分たちのために戦争させているように見えたからである。一八〇〇年、ある議員が「私たちの同盟国までもが、イングランド人はドイツを血と金で覆い尽くしたと言った」と不満を述べている。けれども、イギリスの資金投入は増加していき、ナポレオン帝国に対する最後のひと押しに決定的な役割を果たした。イギリスが同盟国に送った六千五百八十三万ポンドのうち、ほぼ半額が一八一三年から一八一五年の期間に使われている。大同盟の軍事費用を賄うには程遠かったが、資金は、長年に及ぶ戦争、搾取、敗北の疲弊ののち、軍隊を戦場で展開し続けるのに役立った。

イギリスがこうすることができたのには、二つの理由がある。第一に、十八世紀を通じて、イギリスはほぼ「財政＝軍事国家」の模範になっていた。その最も際立った特徴として、軍隊を維持することのできる、効率的で中央集権化された収益システムを持っていたのである。第二に、イギリス政府は国際金融市場に信用を維持していたので、戦争遂行に資金投入するために相当な借金をすることができた。イギリスはあまり民主主義的ではなかったものの、政府の権力を制限する議会を持っていた。しかし実際には、議会制度は外交政策を追求する国家努力を妨げるどころか、むしろそれを強化した。というのも、議会は土地を持つエリートの利益を代表していたのだが、エリートの財政利益は、帝国の貿易や収益と密接な関係があったので、少なくともこの問題に関して、彼らはしばしば政府と共通の利害を有していたのである。

その結果、一七九九年に導入された「所得税」のような措置はとても評判が悪かったものの、政府は税金を集め、借金し、エリートの反対をほとんど受けることなく、戦争に費やすことができた。さらにイギリスは、製造業と商業の資力を利用することができた。消費税の収入は、国内経済の成長にともなって十八世紀に増加した。後の本格的な工業化で急成長する製造業の初期の拡大などが見られたのである。イギリスは、製造業で競合する西欧諸国に対して優位に立っており、これは間違いなく戦闘において有利だった。特に、当時の世界における唯一最大の工業製品の購入者が、おそらく英国海軍だったためである。

加えて、帝国からの収奪があった。政府の歳入の七パーセントは茶に課せられる関税であり、また一八一五年まで、西インド諸島の砂糖の輸入で、価格の五十パーセントに相当する関税が納められた。さらにイギリスは、インドにおけるイギリスの通商から金をかすめ取り、毎年五百万ポンドを集めた。政府の債権者たちは、エリートたちの政治的承認と製造業と貿易による収益があることで、いつも債務が履行されると安心していたのである。イギリスの国の負債は信用によって、一七九三年の二億四千五百万ポンドから戦争終結時の八億三千四百万ポンドへと増加し、大陸封鎖がイギリス財政を破滅させるだろうというナポレオンの計算は、(一八一一年の沈滞で瀬戸際までいったとはいえ)まったく的中しなかった。イギリスの戦争遂行力における商業の重要性は、政府がいつも英国海軍の要求に特別な注意を払っていた理由の一つだった。

全体として見れば、ヨーロッパがナショナリズムへの、あるいはより伝統的な価値観へのイデオロギー的傾倒によって動員された程度はとてもまばらであったし、どちらにせよ、この二つはしばしば重なりあっていた。しかし、本章やこれまでの章で明らかにしたように、抗争は、自発的であれ、そうでないのであれ、熱狂の程度にはかなり差があるものの、実に様々な方法で一部の人々の積極的な参加を組み込んだ。たとえもし、抗争がナショナリズムの衝突でなかったとしても、まさに繰り返される戦闘と数百万人の命に影響を及ぼした手段によって、戦争ははっきりと「人民戦争」になったのである。

おわりに——遺産

今日、ボナパルトの勝利を誇張するのが流行している。彼の勝利に苦しめられた人々がいなくなったのだ。私たちはもう、犠牲者の罵言や悲痛と苦悩の叫びを耳にすることはない。もうフランスが疲弊して、女性だけが農地を耕すさまを目にすることはない。……もはや、徴兵の貼り紙が街角に貼られているのを見ることもないし、通行人が膨大な死亡者名簿の前に群がり、狼狽しながら自分の子供、兄弟、友人、隣人の名前を探すのを目にすることもない。

フランソワ＝ルネ・ド・シャトブリアンは、一八三九年に書きあげた回想録のなかで、このような陰鬱な考えを書き記している。フランスの王党派がナポレオンとその遺産に対する反感を示すのは当然だが、彼は戦争が招いた人間の様々な苦難を描いた。外交家にして文筆家であった彼には、同国人たちが一世代のうちに、失ったものをいとも簡単に忘れてしまい、栄光しか覚えていないように思えて、驚かずとも不満を抱いたのである。

一因は、ナポレオン自身にあった。一八一五年から一八二一年に死ぬまで、彼はセント・ヘレナに幽閉され、秘書エマニュエル・ド・ラス・カズが実に長々と話を聞き、皇帝の思索を詳細に書き留めた。ラス・カズの著書『セント・ヘレナ回想録』はナポレオンの死後まもなく刊行され、これまでに書かれたナポレオンについての回想録のなかで、最も成功を収めた著作となった。フランスの人々のあいだですでに出回っていた伝説的要素――戦勝、皇帝、革命の救世主――が一つの著作にまとめられ、はっきりと記されたことも理由の一つであるが、ワーテルローの戦い以来はじめて、ナポレオンが再び口を開いたという理由もある。その声は心を打つような言葉を放ち、一八二〇年代に王党派や保守派に対する政治闘争に従事していたフランスの自由主義者たちは、その声に熱心に耳を傾けた。ナポレオンの名は軍事的栄光だけを意味するのではなく、フランス革命の解放理念の防衛と伝播を意味したのである。

多くの神話がそうであるように、そこには真実の芽が隠れている。ナポレオンは自分を偽り、後世の人々をだまそうとしたかもしれないが、彼の帝国には有益な変革をもたらした要素があった。したがって、彼はしばしばヒトラーと比較されるけれども、ヒトラーと同じではない。ナポレオン法典は導入されたどの場所にも公民的平等を保証し、また史料からわかる事実は不完全であるものの、小作人に対する領主特権の廃止など、特権を攻撃した。同法典は、ナポレオンの臣民に、総じて公平かつ手の届きやすい、公正な法体系をもたらした。帝国内で政教協約《コンコルダ》が適用されたところでは、ときに凝り固まった偏見を持つ大衆の激しい反対を乗り越えながら、宗教的少数派、とりわけユダヤ教徒に自由がもたらされた。ナポレオンの憲兵隊は、長らく盗賊が跳梁跋扈していた国境地帯に、法と秩序をもたらすことにかなり成功した。およそ一八一五年以降の世代のヨーロッパの自由主義者たちにとって、またそれ以降の多くの歴史家たちにとっても好ましい成果があり、それがある程度、戦争が招いた損失や苦悩の埋め合わせをした。一八一五年にプロイセンがラインラントを併合したとき、ドイツの人々は、そこで法典が維持されることを要求して認められており、これは世紀末まで続いた。王政が復古し、ナポレオン体制のあらゆる痕跡を一掃しようとしたところでさえ、混乱が落ち着くと多くの変革が密かに再導入されている。イタリアのピエモンテでは、憲兵隊があまりに有用だったために廃止されず、「カラビニエリ」という名称に変更されて、今日のイタリア憲兵隊の礎を築いた。ナポレオン法典には、数年後に回復された要素もある。再び教皇によって統治されることになったローマでは、宗教的狂信者たちが、ナポレオンが導入したものだとして、当初ワクチン接種と街灯を禁じたが、幸い冷静な人々がすぐに優勢になり、フランスの遺産のなかでも特に建設的な要素がいくつか復興された。

ナポレオンをヨーロッパ統合の先駆者とみなすことには、あまり賛同できない。フランス大統領ジョルジュ・ポンピドゥは、一九六九年にナポレオン生誕二百年記念祭を主催したとき、皇帝の統一ヨーロッパ建設を強調した。この神話は今日に至るまで驚くほど尾を引いているのだ。確かに大陸システム、ナポレオン法典、政教協約《コンコルダ》、フランス式行政機構は、ヨーロッパにある程度の一様性をもたらした。しかし、大陸システムは（ナポレオン自身が認めたように）とりわけフランスに経済的利益をもたらすことを目的としていたし、フランス式行政機構は、国家が戦争というすべてを費やす試練のために入隊者と資金をより効率的に集めることを可能にするものだった。

しかしながら、フランス戦争はヨーロッパの地図を不可逆的に変えた。革命とナポレオンという、とてつもなく巨大なものが大陸を通過したとき、多くの不幸な国家がその下敷きとなって消滅した。率直に言えば、戦争から戦略的利益を得ようとした同盟国の外交的対応も同様の結果をもたらしている。ドイツのように世俗化と陪臣化の過程で、あるいはイタリアのように外交的駆け引きの過程で、旧体制を特徴づける多種多様な政治形態がなくなった。一八一五年以降、都市国家、諸侯領、司教領（司教が統治する領邦）、そして隣接しない分散した領土からなる複合国家は消滅するか、かなり減少した。単一国家が一般的になったのである。

一八一五年のウィーン会議で、瓦礫から安定した戦後秩序を構築しようとした保守派たちは、もはやこの事態がひっくり返ることはないだろうし、ひっくり返すことなどできないだろうと悟った。国際的には、彼らはフランス戦争のつらく、繰り返される災難を通して、「勢力均衡《バランス・オブ・パワー》」の政治に基づく旧ヨーロッパの体制では、積極的な野心を持った強力な国家を抑制することができないと学んだ。それゆえに、その年の講和条約は、国際的軋轢を減らすことを目指して、戦勝国の最も執拗な要求のいくつかを今度こそ満たしながら、ヨーロッパを整頓した。これらの目的を達成するために、フランスは一七九〇年の国境のうちに封じ込められ、ラインラントはプロイセンに併合され、イタリアはオーストリアの支配に加えられ、ベルギーはネーデルラントと合同して統一王国になった。これらのどの事例にも、旧体制の復古は全く考慮されていない。

　イタリアでは、フランスが行ったことを受け入れる合意がなされた。一八〇五年にナポレオンに併合されたジェノヴァは、ピエモンテ王国北部の一部にとどまって、フランスに対抗して同王国を補強することになった。一七九七年にボナパルトがオーストリアに与えたヴェネチアは、ハプスブルク家の支配に戻った。ドイツは、神聖ローマ帝国を社団的な旧体制の政治の典型にせしめた三百六十五の公国、自由都市、司教領、公領、王国、騎士領へと回帰することはなかった。ナポレオンによるライン同盟の十八カ国は、残りと合わさって三十九の政治体が加盟するドイツ連邦を形成した。この目的は、ドイツのより小規模な「ミドル級」国家の独立を保障することによって、オーストリアとプロイセンの支配権をめぐる激しい対立を抑制しながら、ドイツが連邦軍を用いて外敵の侵略から確実に自国を守れるようにすることにあった。

十八世紀の紛争のもう一つの原因を軽減するという期待のもとで、ポーランドは最終的にロシア、オーストリア、プロイセンに分割された。保守派は「正統な」体制の復活を喧伝したけれども、実際のところ彼らは現実的で、フランス戦争がもたらした変化の多くを受け入れたと言える。

こうした算段はヨーロッパ秩序の安定化を目指すものであり、統一と独立を望むポーランド、イタリア、ドイツの愛国主義者たちを満足させるような計らいはまったくなかった。一八一五年の時点では、ほとんどのナショナリズム運動がエリートの独壇場であったとしても、ずっとそうであったわけではない。一八三〇―三三年と一八四八―四九年の諸革命では、自由主義の愛国者たちがヨーロッパ中にバリケードを築いた。ナポレオンは、諸国民の解放者としての功績を主張し、ド・ラス・カズに「私の最も偉大な考えの一つは、革命と政治によって粉々にされ、同じ地域に住みながらも分断された人民をまとめて、一つにすることだった」と述べている。彼は、フランス人、スペイン人、ドイツ人、イタリア人について、啓蒙の理念や、共通の法、原則、関心で結びついた人民による「大ヨーロッパ家族」を創造する最初の一歩として、「これらの人民それぞれを単一の国民に変えたかった」と主張している。

確かに、ナポレオンは国民感情を刺激した。おそらくポーランドほど刺激されたところはないだろう。彼が一八〇七年にポーランド独立に近いものを復活させたため、ポーランドは最後の最後まで、忠実に彼を支援した。胸が熱くなるポーランド国歌は、もともと「イタリアにおけるポーランド軍団の歌」と呼ばれていた。その作者ヨゼフ・ヴィビツキは、一七九〇年代後半に、ボナパルトのチザルピーナ共和国の軍隊に従軍した亡命者のひとりだった。「ボナパルトは、私たちに示した／勝利への道を」という歌詞で、ナポレオンに言及している。

ナポレオンは、自分に適合するのなら、他のヨーロッパの臣民がパトリオティズムを煽ることを厭わなかった。一八〇五年のナポレオンのイタリア王国の創設は、国民統合には程遠いものだったが、これにはフランスこそが、将来イタリアが独立し統一される最大の好機をもたらすという期待を高める狙いがあった。イタリアの赤白緑色からなる三色旗は、もともと一七九六年にボナパルトが創設したチスパダーナ共和国の国旗として考案されたものだった。だが、ナポレオンの本当の動機は軍事的なものだった。というのも、ポーランド人もイタリア人も、ともに大陸軍《グランド・アルメ》のなかできわめて重要な役割を担っていたのである。彼がのちに述べているように、ナポレオンのドイツに対する処遇から、彼が国民統一運動を促進する意思を持っていなかったことが読み取れる。ナポレオンの衛星国は、扱いやすく、効率的でなくてはならず、フランスの覇権に挑戦できるほど力をつけることは決して許されなかった。しかし、ナポレオン軍で戦ったこれらヨーロッパ人は、大きなものを受け継いだ。フランスとイタリアには、保守的な体制に対して陰謀を企てる自由主義的な地下組織として、それぞれ炭焼党（フランス語で「シャルボヌリ」、イタリア語で「カルボナリ」）があったが、これらの構成員のなかには、ナポレオンに仕えた経験を持ち、不満を抱く兵士たちがかなり大勢いた。彼らが、一八二〇―二一年、そして一八三一―三二年のイタリアの革命を導いたのである。ロシア皇帝《ツァーリ》の弾圧に対する一八三一年の蜂起を指導したポーランド人は、何よりもまず軍将校であり、彼らの多くが大陸軍《グランド・アルメ》の元兵士であった。

しかし、ナポレオン戦争はナショナリズム的あるいは自由主義的遺産を刺激したけれども、これはフランス支配を支えたと同時に、フランスの帝国支配への反対でもあった。ナポレオンに対する抵抗の動機は、ほとんど近代的なナショナリズムにはなく、より伝統的な忠誠心にあった。時々、ナショナリスティックな表現で表面が覆われていたに過ぎない。それにもかかわらず、戦争が時間とともに色褪せていき、ヨーロッパの諸人民がナショナリズムを支持し始めるにつれて、ナポレオン戦争は次第に自由を求める「国民」闘争として記念されていった。スペインでは、ゲリラが強力なシンボルであり、右派と左派の両方がこのシンボルを採用している。保守派にとっては、「独立戦争」は、スペイン人民が教会と王という既存の体制を防衛するために、フランス革命の原理を拒絶した戦いであった。また左派にとっては、ゲリラは国民解放を目指す闘争だけではなく、革命を目指す闘争でもあった。共和主義的な歴史家ロドリゲス・ソリスは、「ゲリラは、武器を手にした国民であった……彼らは兵士であり、市民であった」と記している。彼は、一八六八年の女王イサベル二世の打倒と一八七三年の初めてのスペイン共和国の建設に手を貸した人物である。のちにマルクス主義者たちは、ゲリラをプロト革命家、農村社会の社会的不公正に対する「原始的な反乱者」とみなした。

ドイツでは、一八一三年から一八一四年の戦役が「解放戦争」として記憶され、二つの重大かつ象徴的な遺産を残した。鉄十字とドイツの三色（黒赤金色）である。鉄十字勲章は位階にかかわらずプロイセン人兵士の勇敢さに報いるために一八一三年に考案されたもので、一方のルイーゼ勲章（国王の最愛の亡き妻にちなんで名づけられた）は戦争遂行への貢献に対して女性に授与された。今日のドイツの三色は、プロイセン軍の義勇部隊であるリュッツォウ義勇部隊の軍服に由来しており、これは一八一三年に大学生や大学教員で結成された部隊である（当時彼らは、はっきりと異なる毛色を持っていた）。黒い軍服に、装飾、徽章、紋章がわずかな金色と赤色を加えていた。黒赤金色は、一八四八年革命で自由主義者たちの旗となった。だが、他の政治的遺産でもある。ナチ党は当然、自分たちの目的のために、ドイツの「解放戦争」のイメージを用いた。当時、あるプロパガンダ映画の監督が述べたように、この三色は「私たち自身の闘争の時代を……表す現在のシンボル」だった。一九五三年は、「解放戦争」の百四十周年記念の年であっただけでなく、東ドイツ市民が抗議しストライキを決行して自由選挙を要求した年であったが、ドイツ民主共和国の共産主義体制は、ドイツとロシアの友好関係が戦勝に貢献したことを強調しつつ、自らの闘争を王政と専制政治に対する「人民」の勝利として再構成した。

ロシアもまた、ナポレオン戦争の複雑な遺産を継承した。一方では、一八一二年は「祖国戦争《パトリオティック・ウォー》」であり、全ロシア人民による外国の侵略者に対する蜂起であった。ロシア史上、一九四一年から一九四五年にかけての「大祖国戦争《グレート・パトリオティック・ウォー》」に次ぐ規模である。ソヴィエトの歴史家たちは、ナポレオンに対する民衆蜂起と第二次世界大戦のパルチザン戦士たちの類似性に、とても強い関心を抱いており、これは無視できない問題であった。もう一方では、中央ヨーロッパを通ってフランスへと行軍したときの経験が、ロシア人将校たちに自由主義思想の種を蒔いた。彼らは、一八一二年から一八一四年にかけて長々とヨーロッパを行軍したとき、ドイツのみならず、フランスの役人、軍将校、貴族にまで歓待を受け、どのようにすればナポレオン時代の改革がロシアに首尾よく適用できるかについて考えた。戦後彼らは、皇帝《ツァーリ》の保守主義と宗教的神秘主義への転向に失望して、教育的・社会的変革を目指す諸結社を創設したが、これらは帝政システム全体を標的とする地下の革命組織へと発展していった。トルストイは『戦争と平和』のエピローグで、中心登場人物である貴族や戦争を経験した兵士に、結社を創設し、「すべてを妨害し、破壊している人々」である保守派への対抗について議論させた。こうして彼は、一八二五年に最初のロシア革命家となった自由主義的な軍将校たち、デカブリストに期待を寄せたのである。デカブリストは、ニコライ一世が皇帝《ツァーリ》になるとき、彼を打倒しようとして失敗するのであり、その月が十二月《デカーブリ》であったために、反乱者たちはデカブリストと名づけられたのであった。

しかし、ナポレオン戦争の最も重要な遺産はヨーロッパにとどまることなく、世界規模だったと言えるかもしれない。とても皮肉なことに、この文脈ではナポレオンは解放者であったが、これはまったくもって間接的で、意図されたことではなかった。一七九八年にエジプト侵攻が失敗したとき、トルコ皇帝《スルタン》は、強い勢力を持つアルバニア人兵士ムハンマド・アリーをパシャ、すなわち総督に任命してエジプトを近代化させ、オスマン帝国の支配者たちに対抗できるほど強力にした。また、フランスの攻撃によって、バルカン地域におけるオスマン帝国皇帝《スルタン》の支配力が弱まり、一八〇四年にセルビア蜂起が起こった。これはトルコの支配からの独立を求める最初の闘争であり、決して最後の闘争ではない。フランス帝国に奴隷制を復活させようとするナポレオンの試みは自由を求める闘争を引き起こし、ハイチは独立に至った。ハイチは今なお、西半球でアメリカ合衆国に次いで最も長く続く共和国である。

一八〇八年以降、ナポレオンはスペインの支配を目指したが、これによってスペインとラテンアメリカ植民地の政治的結びつきが断たれ、現地の愛国者たちが戦力を結集し、思想を発展させ、独立に向けて歩みだす好機を手にした。この独立という目標は、二十年間にわたる過酷で複雑な経過をたどる戦争を経て、南アメリカと中央アメリカ一帯で勝ち取られることになる。そしてここでも、ナポレオン時代の退役兵が活躍する豊富な機会を見出した。戦争の世界的な影響として、イギリスのインド支配が強固になり、イギリス帝国がアジアとカリブ海地域に広がって、卓越した世界帝国になった。したがって、一七九二年から一八一五年にかけてのフランス戦争は、政治的遺産、社会全体の動員、世界的影響の点で、二十世紀の総力戦の前触れであった。フランス戦争は、私たちが今日生きている世界の到来を早めたのである。

訳者あとがき

本書は、Mike Rappport, *The Napoleonic Wars: A Very Short Introduction*, Oxford: Oxford University Press, 2013 の全訳である。フランス革命戦争とナポレオン戦争の入門書である。

著者マイク・ラポートは、まだ日本ではあまり知られていないかもしれない。彼は一九六七年にニューヨークで生まれ、イギリスで歴史家としての経歴を歩んできた。エディンバラ大学で学部時代を過ごしたのち、ブリストル大学で英米圏を代表するフランス革命史家ウィリアム・ドイルに師事して、一九九七年に博士号を取得した。その後スターリング大学の歴史学上級講師を経て、二〇一三年からグラスゴー大学人文科学部の准教授を務めている。また二〇〇〇年には、王立歴史学協会会員に選出されている。主著に、*Rebel Cities: Paris, London and New York in the Age of Revolution*, London: Little, Brown, 2017（『反乱都市、革命の時代におけるパリ、ロンドン、ニューヨーク』）、*1848: Year of Revolution*, London: Abacus, 2009（『一八四八年、革命の年』）、*Nineteenth Century Europe*, Basingstoke and New York: Palgrave Macmillan, 2005（『十九世紀ヨーロッパ』）、*Nationality and Citizenship in Revolutionary France: The Treatment of Foreigners 1789-1799*, Oxford: Oxford University Press, 2000（『革命期フランスにおける国籍と市民権——外国人の処遇、一七八九―一七九九年』）などがある。いずれの著作も邦訳されておらず、本訳書が日本語で読める初のテクストとなる。なおラポートは、かつては本名の「マイケル・ラポート Michael Rappport」名義で執筆活動をしていたが、近年は本書の原本をはじめとして、「マイク・ラポート Mike Rappport」名義で刊行している。

ラポートの主な専門は、フランス革命とナポレオンの時代である。ブリストル大学に提出した博士論文では、革命期フランスの外国人に対する処遇を主題とし、無数の事例に基づきながら普遍主義の理念と現実の乖離を分析した。それ以降、彼は主に三つのテーマについて研究を行っている。第一に、十八世紀後半のパリを同時代のニューヨークやロンドンと比較して捉えること、第二に、フランス革命戦争とナポレオン戦争を世界的な文脈で読み解くこと、第三に、十九世紀ヨーロッパへと連なる革命の「ドミノ現象」である。フランス革命前後の時代を、フランスにとどまらない広範な視点で読み解くのが彼のスタイルだと言えよう。本書にもこの姿勢がはっきりと表れている。

さて、今回訳出した原著のタイトルは「ナポレオン戦争」であるが、この名をつけられた他の多くの書籍と同様に、ラポートはフランス革命戦争（一七九二―一八〇二年）とナポレオン戦争（一八〇三―一八一五年）の両方を扱っている。ナポレオン戦争に関する書籍は日本でもかなり多く出版されているが、これらは次の二つに大別できる。一つは、古典的な戦争史であり、時系列に沿ってナポレオンの天才的采配を称えていくという特徴がある。もう一つは、軍人や軍事愛好家の手による、あるいは彼ら向けに書かれた戦術、武器、服装、指揮官等を調べた著作である。しかし本書は、この二つの性格では捉えきれないオリジナルな著作となっている。ここでは、本書の構成に沿って三つの特徴を指摘したうえで、その史学史的意義を明確にしておきたい。

ラポートが明確に区切っているわけではないが、本書は二部構成をとっている。第一章から第三章までが前半部をなし、「教科書的な」説明がなされる。第一章で、十八世紀のヨーロッパが勢力均衡に基づいて競合と同盟を繰り返す熾烈な国際関係で成り立っており、フランス革命勃発期にこれらの問題が複雑に絡み合って一七九二年の戦争を引き起こすまでが描かれる。そして第二章と第三章で、フランス革命戦争とナポレオン戦争を政治的観点から眺め、個々の戦いの連鎖が淡々と辿られる。前半部でラポートが力点を置いている特徴は、次の二点である。一つは世界戦争だったという点である。アメリカ大陸、インド、エジプトなど、帝国の広がりにともなって、戦争はヨーロッパにとどまらない世界規模の連鎖を引き起こした。もう一つは、アンシアン・レジーム期からの持続的性格である。ラポートは、戦争をフランス革命の勃発によって生じたアンシアン・レジームとの新旧イデオロギー対立と見なしておらず、十八世紀が抱えていた国際問題の延長線上に位置付けている。

後半部の第四章から第七章では、様々な人と国の視点で戦争が捉えられる。従来の軍事史は、もっぱら参謀本部から戦争を眺め、軍事技術の革新や、軍隊の編制と展開などの戦術を研究する分野であり、これまでの書籍は、ナポレオンや彼の元帥たち、また彼のライヴァルといった「英雄」を主役として描いてきた。これに対してラポートは、戦術や軍隊の編制の問題を最小限に抑えて、陸軍兵士はもちろん、水兵、ゲリラ兵、民間人、女性、捕虜、軍医といった様々な立場の人々に照準を合わせて、徴兵、入隊、従軍、懲罰、脱走、捕虜生活、交戦などの多様な戦争体験を扱っている。本書に布陣図が一切付されていないことで期待を裏切られたと感じる読者がいらっしゃるかもしれないが、本書は近年注目を集めている「新しい軍事史」(「広義の軍事史」)の成果なのである。また著者は、ゲリラ戦を繰り広げたスペイン、抜本的な改革を遂げたプロイセン、農奴制を抱えるロシア、海軍偏重で大同盟を財政的に支援したイギリスなど、国ごとの経験や事情に目を向けることも忘れていない。このようにナポレオンとは異なる多様な観点で戦争を見つめた点こそ、本書の三つ目の特徴にして、最大の魅力と言えるだろう。

以上が大まかな構成と特徴だが、本書が「修正主義」の系譜を継ぐ革命史家の著作であるという史学史に関する指摘をしておきたい。二十世紀のフランス革命史研究はマルクス主義的解釈が主流であり、革命をブルジョワジーが貴族＝封建制を打倒し新たな体制を築いた画期的事象と見做して、革命の断絶を強調してきた。しかし世紀中葉以降、革命前後に連続性を見出す批判的解釈が英米圏で現れはじめ、フランス本国にも同様の見解が見られるようになって、世紀末に大論争が生じた。「修正派」の泰斗フランソワ・フュレは、フランス革命を近代化の過程のさなかのスリップ事故と見做し、革命の混乱収束をもって改革が再開されたと主張した。近年では、革命史家を「正統派」と「修正派」に分けることなどほとんどないが、ラポートは後者の大家ウィリアム・ドイルの弟子である。そのためか本書の随所で、革命期・ナポレオン期の四半世紀に革新の起源を求めることに慎重な姿勢をとっているさまが窺える。前半部では戦争をアンシァン・レジームの国際的緊張関係の延長に位置付け、後半部では大陸軍の編制や戦術の起源をアンシァン・レジーム期に求めている。これらは修正主義寄りの姿勢だと言えるだろう。もちろん、戦争がヨーロッパの政治や文化を大きく変え、それが現在に通じているというのはラポートの強調するところであるが、同時にこのすべての起源を革命期・帝政期に求めないというのも、注目すべき立場である。

ちなみに現在、世界各国で新型コロナウイルス感染症（Covid-19）が猛威を振るっているが、本書は黄熱病、壊血病、チフス、赤痢、性病など、度々病気について触れている。著者は本書の冒頭で、戦争が驚愕的な数の戦死者を出したとして読者を驚かせようとしているが、本書のなかで実際には戦闘よりも病気がより多くの兵士の命を奪ったとしている。これは多くの読者が予想していなかったことではないだろうか。

なお、ラポートが本書で強調している「世界戦争」や「総力戦」といった観点は、彼のオリジナルな見解というわけではない。近年、デイヴィッド・ベルが総力戦としての性格を力説しているし（David Bell, *The First Total War: Napoleon's Europe and the Birth of Warfare as We Know It*, Boston and

New York: Houghton Mifflin Company, 2007)、アレクサンダー・ミカベリッゼは最新作で世界戦争だったという点を強調している（Alexander Mikaberidze, *The Napoleonic Wars: A Global History*, Oxford: Oxford University Press, 2020）。それゆえに本訳書は、最新の研究動向を踏まえた格好の入門書となっている。

翻訳にあたっては、入門書という性格に鑑みて、可能な限り難解な表現・文構造を避け、自然でわかりやすい日本語にするように努めた。その過程で文を裁断したり、文法要素を変換したり、受動態と能動態を入れ替えたり、少なからぬ手を加えてある。批判はあろうかと思うが、ご理解いただければ幸いである。また、カタカナ表記や専門用語の訳について、すでに定着しているものを踏襲したところもあれば、原書や原義により近いものを訳者なりに考え直したところも多くある。特に用語について一言断っておきたいのはFrench wars の訳である。「対仏大同盟 Coalition」に倣って「対仏戦争」と訳したくもなるが、本訳書では、聞き慣れない「フランス戦争」の訳語を充てた。というのも、原語にはない「対」のニュアンスを加えると、フランスと争う国の視点になってしまい、ところどころ奇妙に感じられたからである。さらに、訳者の判断で修正した箇所もある。例えば、「おわりに」に「一九五三年は、「解放戦争」の百四十周年記念の年であっただけでなく、東ドイツ市民が抗議しストライキを決行して自由選挙を要求した年であった」とあるが（一七七頁）、原著では「百五十周年」となっている。ドイツ解放戦争（一八一三年）の百五十周年は一九六三年のはずで、著者のミスだと思われたため、訳者の判断で「百四十周年」に修正した。

最後に、翻訳にあたってお世話になった方々へのお礼を記しておきたい。革命期フランスの歴史を専門とする訳者にとって、世界各国の人名や専門用語が頻出する本書を訳すには、多くの方々の協力が不可欠だった。特に小野寺瑶子、貝原伴寛、桑子亮は、ところどころそれぞれ原文と対照しながら適切な訳になっているか確認するという大変な作業を引き受けてくれた。また、訳者の相談に乗ってくれた田瀬望や、邦語文献目録の作成を助けてくれた長島澪にも感謝を伝えたい。さらに、英仏日の三カ国語を操る認知科学者のモニカ・バーベアは、ネイティヴスピーカーとして訳者の多数の質問に幾度となく快く答えてくれた。全員のお名前を挙げることはできないが、他にも多くの方々のお世話になった。この場をお借りして、心より御礼申し上げる。ただし頑固な訳者が従わなかった指摘も多く、誤訳や不自然な表現が残っているとしたら、言うまでもなく訳者ひとりの責任である。最後に、編集者の竹園公一朗さんには、本書のご提案から校正まで、スピーディーかつ丁寧に、そしていつも優しく、大変お世話になった。本当にありがとうございました。

二〇二〇年五月　緊急事態宣言にともなう外出規制のなかで

楠田　悠貴

訳者略歴

楠田悠貴（くすだ・ゆうき）
東京大学大学院博士課程に在籍。専門は、フランス革命とナポレオン時代の歴史。フランス社会科学高等研究院、パリ第一大学パンテオン＝ソルボンヌ校への留学を経て、現在日本学術振興会特別研究員。

ナポレオン戦争
十八世紀の危機から世界大戦へ

二〇二〇年 六 月一五日 印刷
二〇二〇年 七 月 五 日 発行

著　者　マイク・ラポート
訳　者 © 楠　田　悠　貴
発行者　及　川　直　志
印刷所　株式会社 理想社
発行所　株式会社 白水社

東京都千代田区神田小川町三の二四
電話 営業部〇三（三二九一）七八一一
　　 編集部〇三（三二九一）七八二一
振替 〇〇一九〇・五・三三二二八
郵便番号 一〇一・〇〇五二
www.hakusuisha.co.jp
乱丁・落丁本は、送料小社負担にてお取り替えいたします。

株式会社松岳社

ISBN978-4-560-09780-9
Printed in Japan

人 名 索 引

あ行

か行

さ行

た行

な行

は行

ま行

や行

ら行

わ行

事 項 索 引

あ行

か行

さ行

た行

な行

は行

ま行

や行

ら行

わ行

引 用 出 典

はじめに

<シュローダー> Paul Schroeder, *The Transformation of European Politics 1763-1848* (1994), 393.

<エスデイル> Charles Esdaile, *Napoleon's Wars: An International History, 1803-1815* (2007), 12-13.

第一章

<トルストイ> Leo Tolstoy (trans. Anthony Briggs), *War and Peace* (2005), 908.

<レナル> Abbé Raynal, *L'Abbé Raynal aux États-Généraux* (Marseille, 1789), 5.

<『スコッツ・マガジン』> Paul Dukes, *The Making of Russian Absolutism, 1613-1801* (1982), 175.

<フリードリヒ大王> Christopher Clark, *The Iron Kingdom: The Rise and Downfall of Prussia 1600-1947* (2006), 216.

<ポンディシェリからの報告書> Archives Nationales d'Outre-Mer (Aix-en-Provence), Archives de Pondichéry, vol. 50, fo. 51.

<ド・セギュール> Tim Blanning, *The Origins of the French Revolutionary Wars* (1986), 51.

<平和宣言> Jacques Godechot, *La Grande Nation: L'expansion révolutionnaire de la France dans le monde de 1789 à 1799* (1983), 66.

<ロベスピエール> Blanning, *Origins*, 113.

第二章

<ロイド・ジョージ> David Lloyd George, *War Memoirs, 1914-15* (1933), 49.

<ビショフヴェルダー> Tim Blanning, *The Pursuit of Glory: Europe 1648-1815* (2007), 666.

<ダントン> William Doyle, *Oxford History of the French Revolution* (1989), 201.

<ゲーテ> David Bell, *The First Total War: Napoleon's Europe and the Birth of Warfare as we Know it* (2007), 131.

<ダントン> Godechot, *La Grande Nation*, 72.

<ブラニング> Tim Blanning, *The French Revolutionary Wars, 1787-1802* (1996), 115.

<イギリス人司令官> Blanning, *Pursuit of Glory*, 633.

第三章

<ラ・レヴェリエール・レポ> Blanning, *Origins*, 178.
<リチャード・ウェルズリー> Michael Edwardes, *Glorious Sahibs: The Romantic as Empire-Builder 1799-1838* (1968), 32.
<シュローダー> Schroeder, *Transformation*, 228-9.
<ベルグラーノ> R. A. Humphreys and John Lynch (eds.), *The Origins of the Latin American Revolutions 1808-1826* (1965), 280.
<エスデイル> Esdaile, *Napoleon's Wars*, 396-9.
<ロシア皇帝の側近> Dominic Lieven, *Russia against Napoleon: The Battle for Europe, 1807 to 1814* (2009), 131.

第四章

<国民総動員令> Blanning, *French Revolutionary Wars*, 100-1.
<革命家（デュボワ＝クランセ）> *Archives parlementaires de 1787 à 1860: Recueil complet des débats législatifs et politiques des chambres françaises*, $1^{\text{ère}}$ série, 96 vols. (1877-1990), x. 520.
<クラウゼヴィッツ> Carl von Clausewitz, *On War* (1968), 385.
<フランス人兵士> Alan Forrest, *Napoleon's Men: The Soldiers of the Revolution and Empire* (2002), 87, 90.
<ドラポルト> Pierre Delaporte, 'Campagne de l'an II: Journal du Conscrit Pierre Delaporte', *Nouvelle Revue rétrospective* 11 (1899), 388-90.
<トーン> Theobald Wolfe Tone, *Memoirs of Theobald Wolfe Tone*, 2 vols. (1827), ii. 11.
<ナポレオンおよび『イタリア方面軍通信』> Bell, *First Total War*, 197, 199.
<アウステルリッツの参戦兵> Esdaile, *Napoleon's Wars*, 221.
<ロシア皇帝アレクサンドル> Lieven, *Russia against Napoleon*, 92.
<リュシアン・ボナパルト> Martyn Lyons, *Napoleon Bonaparte and the Legacy of the French Revolution* (1994), 70.
<1813年の県知事> Forrest, *Napoleon's Men* (2002), 10.
<ナポレオン> Lyons, *Napoleon Bonaparte*, 44.
<アメリカの領事> François Crouzet, 'Wars, Blockade, and Economic Change in Europe, 1792-1815', *Journal of Economic History* 24 (1964), 571n.

第五章

<ヴァテル> Bell, *First Total War*, 48, 51.
<イギリスの陸軍副総監> J. E. Cookson, *The British Armed Nation 1793-1815* (1997), 124.

<イギリス人将校> Cookson, *British Armed Nation*, 121.
<バルクライ・ド・トーリ> Lieven, *Russia against Napoleon*, 108-9.
<バイエルン分遣隊司令官> Adam Zamoyski, *1812: Napoleon's Fatal March on Moscow* (2004), 191.
<フランス人騎兵> Forrest, *Napoleon's Men*, 141.
<フランス人捕虜> Forrest, *Napoleon's Men*, 158.
<コワニェ> Jean-Roch Coignet, *Les Cahiers du Capitaine Coignet* (1883).
<ウェリントン> Daniel Rignault and David Wherry, 'Lessons from the Past Worth Remembering: Larrey and Triage', *Trauma* (1999), 88.
<ブルゴーニュ> *The Memoirs of Sergeant Bourgogne 1812-1813* (1979), 66-7.
<スコットランド人兵士> Richard Holmes, *Redcoat: The British Soldier in the Age of Horse and Musket* (2001), 366.
<ナポレオンの忠告> Lyons, *Napoleon Bonaparte*, 25.
<フランス人将校> Tim Blanning, *The French Revolution in Germany: Occupation and Resistance in the Rhineland, 1792-1802* (1983), 98.
<イギリス人将校> Holmes, *Redcoat*, 391.
<ライプツィヒの新聞記者> Karen Hagemann, '"Unimaginable Horror and Misery": The Battle of Leipzig in October 1813 in Civilian Experience and Perception', in Alan Forrest, Karen Hagemann, and Jane Rendall (eds.), *Soldiers, Citizens and Civilians: Experiences and Perceptions of the Revolutionary and Napoleonic Wars, 1790-1820* (2009), 166.

第六章

<ボナパルト> Blanning, *French Revolutionary Wars*, 196.
<ウェリントン> Nicholas Rodger, *The Command of the Ocean: A Naval History of Britain, 1649-1815* (2004), 564.
<マースデン> Rodger, *Command of the Ocean*, 482.
<ディロン> William Dillon, *A Narrative of my Personal Adventures (1790-1839)*, 2 vols. (1956), ii. 10-11.
<トゥウィスデン艦長について> A. Crawford, *Reminiscences of a Naval Officer: A Quarter-Deck View of the War against Napoleon* (1999), 11.
<ネルソンの命令> Julian Corbett, *The Campaign of Trafalgar*, 2 vols. (1919), ii. 496-9.
<イギリス人水兵> Édouard Desbrière, *La Campagne maritime de 1805: Trafalgar* (1907), 135.
<スペイン人艦長> John Harbron, *Trafalgar and the Spanish Navy* (1988), 102.
<海軍の戦闘> John Westwood, 'Witnesses of Trafalgar', in John Terraine, *Trafalgar* (1976), 189-90.

第七章

＜クラウゼヴィッツ＞ Bell, *First Total War*, 10.
＜グナイゼナウ＞ Brendan Simms, *The Struggle for Mastery in Germany, 1779-1850* (1998), 75.
＜フィヒテ＞ John Breuilly, 'The Response to Napoleon and German Nationalism', in Alan Forrest and Peter Wilson (eds.), *The Bee and the Eagle: Napoleonic France and the End of the Holy Roman Empire, 1806* (2009), 260.
＜スペインの憲法＞ W. N. Hargreaves-Mawdsley (ed.), *Spain under the Bourbons, 1700-1833: A Collection of Documents* (1973), 238.
＜ブロアーズ＞ Michael Broers, *Napoleon's Other War: Bandits, Rebels and their Pursuers in the Age of Revolutions* (2010), 110-11.
＜ウェリントン＞ Charles Esdaile, *Fighting Napoleon: Guerrillas, Bandits and Adventurers in Spain, 1808-1814* (2004), 156.
＜トーン＞ John L. Tone, *The Fatal Knot: The Guerrilla War in Navarre and the Defeat of Napoleon in Spain* (1994).
＜ハルデンベルク＞ Matthew Levinger, *Enlightened Nationalism: The Transformation of Prussian Political Culture, 1806-1848* (2000), 46.
＜シュタイン＞ Matthew Levinger, 'The Prussian Reform Movement and Enlightened Nationalism ' in Philip G. Dwyer (ed.), *The Rise of Prussia 1700-1830* (2000), 263-4.
＜ロシアの新聞＞ Janet Hartley, 'Russia and Napoleon: State, Society and the Nation', in Michael Rowe (ed.), *Collaboration and Resistance in Napoleonic Europe: State-Formation in an Age of Upheaval, c.1800-1815* (2003), 192.
＜ロシアの小作人＞ Hartley, 'Russia and Napoleon', 190.
＜クトゥーゾフ＞ Lieven, *Russia against Napoleon*, 219.
＜スコットランド人伍長＞ Emma Vincent Macleod, *A War of Ideas: British Attitudes to the Wars against Revolutionary France, 1792-1802* (1998), 183.
＜英国議会議員＞ John Sherwig, *Guineas and Gunpowder: British Foreign Aid in the Wars with France, 1793-1815* (1969), xiv.

おわりに

＜シャトブリアン＞ François-René de Chateaubriand, *Memoirs of Chateaubriand* (1965), 294.
＜ナポレオン＞ Emmanuel de Las Cases, *Mémorial de Sainte-Hélène, ou journal où se trouve consigné, jour par jour, ce qu'a dit et fait Napoléon durant dix-huit mois*, 2 vols. (1840), ii. 336.
＜ナチ党の映画監督＞ Clark, *Iron Kingdom*, 661.
＜トルストイ＞ Leo Tolstoy, *War and Peace* (2005), 1304.

文 献 案 内

フランス戦争、とりわけナポレオン戦争については、これまで多くの研究がなされており、それらは常に新しい傾向や論争をともなっていた。この文献一覧は、最も有用だと思われる著作をわずかに選んだにすぎない。ほとんどの著作が最新の研究であり、それぞれ概説、陸軍、ナポレオン帝国、参戦国、世界的影響、遺産について、より大きな見取り図を提示してくれる。指揮官の伝記と個々の戦いや遠征に関する著作は含めていない（ただし、より大きな問題を明らかにするのに、特に有益だと考えられる著作は含めてある）。このような細かい点を追究したいと考える読者は、ここに列挙した著作に付された文献一覧を見ることで、多くの文献情報を得られるだろう。英語で刊行された著作だけを列挙しているが、他言語に堪能な読者は、さらなる文献でもって、もっと深い部分まで掘り下げることができる。

概説

David Bell, *The First Total War: Napoleon's Europe and the Birth of Warfare as we Know it* (2007). フランス戦争が総力戦であると力説した、魅力的な著作。

Tim Blanning, *The French Revolutionary Wars, 1787-1802* (1996). 優れた分析と見事な叙述を兼ね備えた著作。

—*The Origins of the French Revolutionary Wars* (1986). 戦争の原因について詳細かつ優れた分析を行っており、鋭い洞察に満ちている。

David Chandler, *The Campaigns of Napoleon* (1966).（デイヴィッド・ジェフリ・チャンドラー著、君塚直隆、糸多郁子、竹村厚士、竹本知行訳『ナポレオン戦争：欧州大戦と近代の原点』全５巻、信山社 < SBC 学術文庫 >、2002-2003 年）. 古典的な軍事史。

Owen Connolly, *Blundering to Glory: Napoleon's Military Campaigns* (1987). ナポレオンの動機の評価について論争を引き起こした著作。

Charles Esdaile, *Napoleon's Wars: An International History, 1803-1815* (2007). 素晴らしい著作。

—*The Wars of Napoleon* (1995). 国ごとの議論を提示している有益な著作。

David Gates, *The Napoleonic Wars 1803-1815* (1997). 明快な分析で、上手に導いてくれる。

Gunther Rothenberg, *The Art of Warfare in the Age of Napoleon* (1977). とても重要な分析。

Paul Schroeder, *The Transformation of European Politics 1763-1848* (1994). 目を見張るような国際関係史。はっきりとナポレオンを糾弾している。

各国の軍隊

Roy and Lesley Adkins, *Jack Tar: The Extraordinary Lives of Ordinary Seamen in Nelson's Navy* (2008). イギリスの軍艦生活についての素晴らしい研究。

Rafe Blaufarb, *The French Army, 1750-1820: Careers, Talent, Merit* (2002). 充実した分析内容。

William S. Cormack, *Revolution and Political Conflict in the French Navy, 1789-1794* (2002). 画期的な著作。

Gordon Craig, *The Politics of the Prussian Army, 1640-1945* (1955). プロイセン国内における軍隊の役割についての古典的な説明。

George Daughan, *If by Sea: The Forging of the American Navy from the Revolution to the War of 1812* (2008). 明快な説明。

Alan Forrest, *Napoleon's Men: The Soldiers of the Revolution and Empire* (2002). 史料を読み尽くしたうえで、フランス人兵士の生涯について描写している。

John Harbron, *Trafalgar and the Spanish Navy* (1988). 英語圏の歴史家たちが軽視し続けているテーマについて、有益な分析を行っている。

Richard Holmes, *Redcoat: The British Soldier in the Age of Horse and Musket* (2001). イギリス陸軍での生活について、魅力的な説明をしている。

John A. Lynn, *The Bayonets of the Republic: Motivation and Tactics in the Army of Revolutionary France, 1791-94* (1984). 兵卒を分析した著作で、よく書けている。

Nicholas Rodger, *The Command of the Ocean: A Naval History of Britain, 1649-1815* (2004). 近世英国海軍史の第一人者による深く、充実した内容の概説。

Peter Wilson, *German Armies: War and German Society, 1648-1806* (1998). 素晴らしい分析。

フランスの征服とナポレオン帝国：占領、協力、抵抗

Tim Blanning, *The French Revolution in Germany: Occupation and Resistance in the Rhineland, 1792-1802* (1983). テーマごとに鋭く詳細な分析を行っている。

Michael Broers, *Europe under Napoleon 1799-1815* (1996). ナポレオンの影響を一冊にまとめた分析書として、最良の著作の１つ。

—*The Napoleonic Empire in Italy, 1796-1814: Cultural Imperialism in a European Context?* (2005). 素晴らしい著作で、示唆に富んでいる。

—*Napoleon's Other War: Bandits, Rebels and their Pursuers in the Age of Revolutions* (2010). 充実した内容の著作で、読みやすく、深く調べ尽くされている。

Owen Connolly, *Napoleon's Satellite Kingdoms* (1965). 概説書として役立つ。

Philip Dwyer (ed.), *Napoleon and Europe* (2001). 明快かつ有益な論文集。

Geoffrey Ellis, *The Napoleonic Empire* (1991).（ジェフリー・エリス著、杉本淑彦、中山俊訳『ナポレオン帝国』岩波書店、2008 年）入門書として役立つ。

Charles J. Esdaile (ed.), *Popular Resistance in the French Wars: Patriots, Partisans and*

Land Pirates (2005). 魅力的な論文集。
Alexander Grab, *Napoleon and the Transformation of Europe* (2003). 国ごとの議論を簡潔にまとめている。
Michael Rowe (ed.), *Collaboration and Resistance in Napoleonic Europe: State-Formation in an Age of Upheaval, c.1800-1815* (2003).「征服者」対「被征服者」というイメージに修正を迫る優れた論文集。
Simon Schama, *Patriots and Liberators: Revolution in the Netherlands, 1780-1813* (1977). よく調べられた叙述。
Stuart Woolf, *Napoleon's Integration of Europe* (1991). ナポレオン帝国について、テーマ別に、とても重要な分析を行っている。

主要参戦国

オーストリア、プロイセン、ドイツ

Christopher Clark, *The Iron Kingdom: The Rise and Downfall of Prussia 1600-1947* (2006). プロイセンの歴史についての読みやすく優れた概説書。3 つの章がフランス戦争期に充てられている。
Alan Forrest and Peter Wilson (eds.), *The Bee and the Eagle: Napoleonic France and the End of the Holy Roman Empire, 1806-1848* (2009). フランスとドイツ諸邦の衝突についての諸論考。
Matthew Levinger, *Enlightened Nationalism: The Transformation of Prussian Political Culture, 1806-1848* (2000). プロイセンがナポレオンにどう対応したのかを知るうえで必要不可欠な著作。
C. A. Macartney, *The Habsburg Empire, 1790-1918* (1969). 欠かすことのできない古典。
Michael Rowe, *From Reich to State: The Rhineland in the Revolutionary Age, 1780-1830* (2003). 変革期全体を見渡す、深く調べられた一冊。
Brendan Simms, *The Struggle for Mastery in Germany, 1779-1850* (1998). 国際関係に力点を置いた簡潔な概説書。

イギリス

J. E. Cookson, *The British Armed Nation 1793-1815* (1997). イギリスの戦時動員についての詳細な分析。
Clive Emsley, *British Society and the French Wars, 1793-1815* (1979). スタンダードな著作。
Emma Vincent Macleod, *A War of Ideas: British Attitudes to the Wars against Revolutionary France, 1792-1802* (1998). 優れた分析で、深く調べられている。
John Sherwig, *Guineas and Gunpowder: British Foreign Aid in the Wars with France 1793-1815* (1969). どのようにイギリスが次々と大同盟を支援していったのか。

フランス

Louis Bergeron, *France under Napoleon* (1981). ナポレオン体制の解剖分析。

William Doyle, *The Oxford History of the French Revolution* (1989). 躍動的な叙述で、複数の章が国際的影響と戦争に充てられている。
Georges Lefebvre, *Napoleon*, 2 vols. (1969). 欠かすことのできない詳細な情報を提供してくれる著作で、戦争について重要な節が複数ある。
Martyn Lyons, *Napoleon Bonaparte and the Legacy of the French Revolution* (1994). ナポレオン期のフランスについての素晴らしい入門書で、二つの章がヨーロッパに及ぼした影響に充てられている。
Jean Tulard, *Napoleon: The Myth of the Saviour* (1984). いまや古典的著作。

ロシア

John LeDonne, *The Russian Empire and the World, 1700-1917: The Geopolitics of Expansion and Containment* (1997). ロシアの地政学に関するオリジナルな研究。
Dominic Lieven, *Russia against Napoleon: The Battle for Europe 1807 to 1814* (2009). 大同盟の勝利に対するロシアの貢献を強調しており、充実した内容で読みやすい説明がなされている。
Adam Zamoyski, *1812: Napoleon's Fatal March on Moscow* (2004). 悲惨さが鮮明に伝わってくる。

スペイン、ポルトガル

Charles Esdaile, *Fighting Napoleon: Guerrillas, Bandits and Adventurers in Spain, 1808-1814* (2004). 深く調べられており、神話を崩壊させる。
—*The Peninsular War: A New History* (2002). 一冊にまとめられた最良の書。
John L. Tone, *The Fatal Knot: The Guerrilla War in Navarre and the Defeat of Napoleon in Spain* (1994). 充実した内容で、よく分析されている。

世界的影響

Michael S. Anderson, *The Eastern Question 1774-1923: A Study in International Relations* (l966). オスマン帝国凋落の外交的、戦略的問題について、いまやスタンダードな著作となっている。
Jeremy Black, *The War of 1812 in the Age of Napoleon* (2009). アメリカの紛争をナポレオン戦争の世界的文脈に位置付けている。
Juan Cole, *Napoleon's Egypt: Invading the Middle East* (2007). 今日の寓意的意味を持つ教訓となる著作。
George Daughan, *1812: The Navy's War* (2011). イギリスとアメリカの紛争をめぐる優れた海軍史。
Jorge Domínguez, *Insurrection or Loyalty: The Breakdown of the Spanish American Empire* (1980).
Laurent Dubois, *Avengers of the New World: The Story of the Haitian Revolution* (2005). 最も分かりやすい説明。
Michael Edwardes, *Glorious Sahibs: The Romantic as Empire-Builder 1799-1838* (1968).

インドにおけるイギリスの膨張の歴史についての優れた著作。
Caroline Finkel, *Osman's Dream: The Story of the Ottoman Empire 1300-1923* (2005). 読みやすい叙述で、複数の章がフランス戦争期についての鋭く、多彩な内容を含んでいる。
Reginald Horsman, *The Causes of the War of 1812* (1962). アメリカ＝イギリス戦争がどのように生じたのかについての議論。
R. A. Humphreys and John Lynch (eds.), *The Origins of the Latin American Revolutions 1808-1826* (1965). 有益なテクストが集められている。
Jon Latimer, *1812: War with America* (2007). 素晴らしい著作。
John Lynch, *The Spanish-American Revolutions, 1808-1826* (1793). 依然として、スタンダードな説明である。
Jeremy Popkin, *You are All Free: The Haitian Revolution and the Abolition of Slavery* (2010). 1794年の奴隷解放に至るまでのハイチにおける戦争の経過を理解できる。
S. P. Sen, *The French in India 1763-1816* (1971). 欠かすことのできない詳細な手引き。
Paul Strathern, *Napoleon in Egypt: 'The Greatest Glory'* (2008). 読み始めたら止まらないほど面白い著作。
Jae Weller, *Wellington in India* (1972).
Gordon S. Wood, *Empire of Liberty: A History of the Early Republic, 1789-1815* (2009). 合衆国について、詳細かつ興味深い評価を下している。

遺産

Alan Forrest, *The Legacy of the French Revolutionary Wars: The Nation-in-Arms in French Republican Memory* (2009). 1793年の動員の長期的影響について、初めて十分な検討を行った著作。
Sudhir Hazareesingh, *The Legend of Napoleon* (2004). 19世紀の（ナポレオン）神話についての読みやすく、深みのある議論。
Adam Zamoyski, *The Rites of Peace: The Fall of Napoleon and the Congress ofVienna* (2008). シュローダーの著作（上掲）と併せて読まれるべき、素晴らしい説明。

日本語文献案内

ナポレオン戦争については、日本語でもすでに多くの書籍が刊行されているが、以下に訳者の判断で、信頼できる書籍をいくつか紹介する。ラポートに倣って、比較的新しいものを中心に選んでおり、個々の戦いや指揮官の伝記的な著作は最小限にとどめてある。また、戦争にとどまらない、ナポレオン帝国の支配と各国の抵抗に関する文献については、ジェフリー・エリス『ナポレオン帝国』の巻末に付された「日本語文献案内」を参照されたい。なお、ここでは書籍に限ってあるが、より専門的な問題を知りたいと思われる方は、西願広望や竹村厚士が発表

した論文をお勧めする。作成にあたっては、革命期の軍事史を専門とする長島澪（東京大学大学院博士課程）の協力を得た。

デイヴィッド・ジェフリ・チャンドラー著、君塚直隆、糸多郁子・竹村厚士・竹本知行訳『ナポレオン戦争：欧州大戦と近代の原点』全5巻、信山社< SBC 学術文庫 >、2002-2003年。日本語で読むことのできる最も詳細な通史。著者は、イギリス陸軍士官学校の教官にして、ナポレオン戦争を専門とする歴史家。ナポレオンの生涯に沿って、戦争を一つひとつ丁寧に叙述していく古典的な戦争史。

松村劭『ナポレオン戦争全史』原書房、2006年。日本の軍人が個々の戦いの戦略を分析していった著作。戦術を理解するのに役立つ。

木元寛明『ナポレオンの軍隊 近代戦術の視点からさぐるその精強さの秘密』潮書房光人新社<光人社 NF 文庫>、2020年。退役軍人・軍事史研究者の手による最新の著作。

ローラン・ジョフラン著、渡辺格訳『ナポレオン戦役』中央公論新社、2011年。個々の戦いを「従軍記者」の視点から活き活きと描く。

志垣嘉夫編『世界の戦争7 ナポレオンの戦争：戦争の天才児・その戦略と生涯』講談社、1984年。古い書籍であるが、ネルソンやクラウゼヴィッツ、スペインやロシアの状況など、各国史の専門家が様々な話題に切り込んでいる。図版や地図もかなり充実していて魅力的。

ロイ・アドキンズ著、山本文郎訳『トラファルガル海戦物語』上下巻、原書房、2005年。当時の海戦の様子がよくわかる。

ロバート・B・ブルース、イアン・ディッキー、ケヴィン・キーリー、マイケル・F・パヴコヴィック、フレデリック・C・シュネイ著、淺野明監修、野下祥子訳『戦闘技術の歴史4 ナポレオンの時代編』創元社、2013年。「歩兵の役割」「騎兵の役割」「指揮と統率」「火砲と攻囲戦」「海戦」の5項目に分けて解説。個々の戦いの戦術や軍事技術を説明している。

金森誠也訳『クラウゼヴィッツのナポレオン戦争従軍記』ビイング・ネット・プレス、2008年。クラウゼヴィッツのナポレオン戦争に関する洞察を翻訳した著作。

本池立『ナポレオン：革命と戦争』世界書院、1992年。ナポレオンに関する基本文献。

ジェフリー・エリス著、杉本淑彦、中山俊訳『ナポレオン帝国』岩波書店、2008年。ナポレオン帝国に関する基本文献。巻末に付された「日本語文献案内」はとても役立つ。

松嶌明男『図説ナポレオン：政治と戦争 フランスの独裁者が描いた軌跡』河出書房新社、2016年。ナポレオンに関する伝記的著作はこの10年間だけでも多数あるが、本書は戦争について2つの章を割いており、豊富な絵や布陣図も魅力的。

阪口修平、丸畠宏太編著『近代ヨーロッパの探求12 軍隊』ミネルヴァ書房、2009年。「広義の軍事史」をめぐる論文集。アンシァン・レジーム期から復古王政期までのフランスの軍隊について、3つの論文が収められている。

アレッサンドロ・バルベーロ著、西澤龍生監訳『近世ヨーロッパ軍事史 ルネサンスからナポレオンまで』論創社、2014年。近世ヨーロッパの軍事史についての優れた入門書。最後の章がフランス革命戦争とナポレオン戦争に充てられており、徴兵、軍隊の編制、戦略等について簡潔にまとめられている。

図版

1 Jacques-Louis David, *Napoleon crossing the Alps*, c.1800
Schloss Charlottenburg, Berlin, Germany/The Bridgeman Art Library

2 French School, *The French declaration of war on Austria on 20 April 1792*
Bibliothèque Nationale, Paris, France/Giraudon/The Bridgeman Art Library

3 Vasilij Surikov, *Suvorov's army crossing the Alps in 1799*, 1899
State Russian Museum, St Petersburg, Russia/The Bridgeman Art Library

4 French School, *The Retreat from Russia*, 19th-century
Musée de l'Armée, Paris, France/Giraudon//The Bridgeman Art Library

5 Louis Boilly, *The Conscripts of 1807 Marching past the Porte Saint-Denis* (detail), c.1808
Musée de la Ville de Paris, Musée Carnavalet, Paris, France/Giraudon//The Bridgeman Art Library

6 Charles Monnet, pen and ink drawing of British goods being burnt in Amsterdam in 1812
Musée Nat. du Château de Malmaison, Rueil-Malmaison, France/Giraudon/The Bridgeman Art Library

7 Goya, *Even Worse*, Plate 22 of *Disasters of War*, 1810
Private Collection/Index/The Bridgeman Art Library

8 T. Fielding, *Badajoz, 6 April 1812*, engraving, 1819
Private Collection/The Stapleton Collection/The Bridgeman Art Library

9 English School, *The Opening of the Battle of Trafalgar*, 19th-century
Private Collection/The Bridgeman Art Library

10 Goya, *There isn't time now*, Plate 19 of *Disasters of War*, 1810-1814
Private Collection/Index/The Bridgeman Art Library

11 *Head of Napoleon*, published by Rudolph Ackermann
British Library, London, UK © British Library Board. All Rights Reserved/The Bridgeman Art Library